KB126520

미국식 커리큘럼으로 배우는

하버드 박사의
초등 영어학습법

미국식 커리큘럼으로 배우는

하버드 박사의 초등 영어 학습법

| 정효경 지음 |

마리북스

프롤로그

영어학습의 가장 중요한 키워드, 몰입과 적성

영어 교육 관련 업계에 있다 보면 종종 듣게 되는 질문이 하나 있다. "과연 한국의 영어 열풍은 언제까지 계속될까요?" 하는 것이다. 여기에 대한 나의 대답은 한국이 경제성장을 지속적으로 이루어나가는 한 영어 열풍은 계속될 수밖에 없다는 것이다.

예를 들어 영어 열풍이 불고 있는 중국을 보자. 중국은 현재 지속적인 경제성장과 수출이 진행되고 있는 거대한 대륙국가로, 기본적인 내수 시장이 크고 세계시장에서 슈퍼 파워가 될 가능성이 높은 나라이다. 이런 면에서 그들의 영어 열풍은 선진 기술과 노하우를 빨리 흡수해 세계 최강의 경제 대국이 되겠다는 국가적 야심을 반영하고 있다. 즉 중국에서 영어는 국가 차원에서는 초강대국으로 가기 위한 도약의 기반이며, 개인 차원에서는 더욱 나은 직장을 구할 수 있는 신분 상승의 핵심 도구이다.

일본에서도 역시 영어가 중요시되는 경향이 있으나 중국과 우리보다는 덜한 상황이다. 일본은 중국과 우리에 비해 훨씬 일찍 눈부신 경제성장을 이루었고, 내수시장도 한국의 7배 정도로 크다. 그러다 보니 수출로 벌어들이는 외화 비율이 전체 GDP(국민총생산)의 12%에 불과하다. 따라서 일본인들은 영어를 못해도 한국보다는 먹고살기가 쉽다.

하지만 중국, 일본과 비교할 때 한국은 내수시장은 작고 GDP에서 수출이 차지하는 비중도 40% 정도로 매우 높다. 이는 구조적으로 한국이 중국이나 일본보다도 국제화의 필요성이 훨씬 크고, 따라서 영어의 중요성도 중국이나 일본보다 훨씬 더 크다는 이야기이다. 즉 내수시장에 한계가 있어 지속적인 경제 성장의 원동력이 수출에 있는 만큼, 앞으로 수출 비중이 GDP의 60~70%까지 커질 가능성이 높다. 따라서 한국에서 영어 교육의 중요성은 앞으로 점점 더 커질 것이다.

한국의 경우 영어가 가능해야 국제화와 지속적인 경제 성장을 이루고 개인 차원에서도 무한경쟁의 체제에서 살아 남을 수 있다. 게다가 노동시장이 점점 글로벌화되고 있으므로 영어 실력이 일정 수준에 오르면 외국 근무도 가능하다. 지금 같은 글로벌 시대에 부모가 자녀에게 줄 수 있는 최고의 선물은 다음 두 가지이다.

첫 번째는 자녀의 타고난 적성과 성향을 미리 파악해서 아이가 타고난 강점과 성향을 잘 살려 평생 행복하게 일할 수 있도록 도와주는 진로와 커리어 설계, 두 번째는 영어 교육이다. 영어 실력은 이제 대학 진학과 커리어의 발전과 성공에도 중요한 승부수로 작용한다. 따라서 어렸을 때부터 영어 교육을 잘 시켜 아이가 미래 경쟁에서 우위를 차지할 수 있도록, 더 나아가 글로벌 노동시장에서 활약할 수 있도록 기반을 마련해주어야 한다.

영어 공부의 가장 중요한 키워드, 몰입과 적성

이처럼 국가 차원에서도 개인 차원에서도 너무도 중요한 영어 교육을 이야기하려면 다음 두 가지 문제를 짚고 넘어가지 않을 수 없다. 첫째, 어떻게 하면 아이들에게 영어를 효과적으로 가르칠 수 있을까? 둘째, 한국에서만 공부해도 과연 미국 사람들처럼 유창하게 영어를 할 수 있을까? 진로 커리어 전문가인 나는 여기에 대한 해답으로 '몰입'과 '적성'이라는 두 가지 영어 공부법을 제안한다.

본격적인 이야기를 하기 전에 내가 어떻게 이 몰입과 적성이라는 특별한 영역과 만나게 되었는지 소개하고자 한다. 필자는 현재는 교육 전문가로 진로 적성 분야에 몸담고 있지만, 고등학교 3학년 초까지는 음대 입시를 목표로 피아노를 쳤던 음대 지망생이었다. 그런데 어느 날 음악이 내 길이 아니라는 것을 깨닫게 되는 계기를 만났다.

고등학교 2학년 줄리아드 음대를 목표로 하는 특별 레슨 시간에서였다. 선생님이 피아노로 한 소절을 들려주고 변형을 해보라고 했는데, 나는 논리적으로 여러 조합을 생각해서 애써서 곡을 만들어도 어딘지 모르게 2% 부족하다는 느낌이 들었다. 그런데 다른 학생들이 만든 변

주곡은 나보다 쉽게 하는 것 같은데도 훨씬 더 화려하고 창의적이었다.

이렇게 나 자신의 음악적 재능에 대한 한계를 뼈저리게 깨닫고, 고등학교 3학년에 올라가면서 나는 힘들게 용기를 내어 부모님께 '피아노를 그만두겠다'라고 말씀드렸다. 물론 부모님은 매우 실망하셨다. 그리고 나도 10년 동안 열심히 피아노를 치다가 갑자기 그만두자, 무슨 과를 가야 할지 어떤 직업을 가져야 할지 막막했다. 그래도 일단 영어 공부를 해두어야겠다는 생각에 연세대 영문학과에 진학했다. 나는 영문학이라는 학문을 좋아하기는 했으나, 논리수리지능을 활용할 수 있는 좀 더 분석적인 분야에 끌렸다. 그래서 대학을 졸업한 뒤에는 분야를 사회학으로 바꿔 미국으로 유학을 가 하버드 대학에서 사회학 박사 학위를 받았다.

그런 다음, 매사추세츠 공과대학교(MIT)에서 금융공학으로 경영학 석사(MBA) 학위를 받았다. 졸업 후에는 실적 위주로 평가받는 금융업에 매력을 느껴, 월가의 국제적인 스위스계 증권회사에서 일을 하게 되었다. 그리고 뉴욕의 전략 경영 컨설팅 회사(AT Kearney)에서도 다양한 기업 전략 컨설팅 업무를 했다. 물론 미국에서 생활하는 기간 동안 나의 일상은 영어에서 시작해서 영어로 끝나는 하루하루의 연속이었다.

미국 생활을 마치고 한국으로 돌아온 뒤에도 나는 기업 전략 컨설팅 업무를 계속했다. 그러나 한국에 돌아와서 컨설팅 일을 하다 보니, 수많은 기업의 클라이언트들과 컨설턴트들이 자신의 업무 적성을 잘 모르고 있고 영어 실력도 많이 부족하다는 것을 느끼게 되었다. 그러면서 한국에서 가장 취약하면서도 가장 필요한 부분이 진로 적성 교육과 국제적 인재 양성 교육이라는 생각이 들기 시작했다.

또한 지금 자라나는 한국의 청소년들이 나와 같은 시행착오를 겪지 않도록 도와주고 싶었다. 적어도 자신의 적성이 월가 같은 금융산업에 맞는지, 음악에 소질이 있는지, 큰 조직에 적합한지, 창업이 맞는지 정도는 알고 있어야 될 것 같았다. 부모님 또한 아이의 적성에 관심을 두어야 나중에 아이의 커리어와 진로를 정할 때도 혼란을 덜 수 있을 것 같았다.

그래서 결국 나는 컨설팅 업무를 그만두고, 적성과 영어 교육 관련 강의와 업무를 하면서 본격적으로 교육 분야 전문가의 길을 걷게 되었다. 개인의 업무 능력을 찾아주는 진로 적성에 대한 이론은 하버드 대학의 가드너 박사한테서 배웠던 MI(Multiple Intelligence, 다중지능)가 적합하다는 결론을 내렸다. 그리하여 MI 이론에 근거해서 초등학교 성인에 이르기까지 자신의 잠재능력을 찾아내는 적성검사를 어린이용, 청소년용, 성인용으로 개발하고 특허까지 신청하게 되었다. 그리고 이 적성검사를 기반으로 수많은 청소년과 대학생들의 진로 지도를 했다.

이와 함께 대치동 초등학생들을 미국과 캐나다에 연수 보내서 미국의 초등 중등 학교의 커리큘럼을 연구했다. 그 커리큘럼을 기반으로 한국 학생들에게 적합한 영어 교육 방법을 개발해, 2004년 12월부터 2009년 2월까지 만 4년 넘게 'MI 영어교육센터'를 운영했다. 이는 진로 적성 교육과 국제적인 인재 양성을 위한 영어 교육을 접합한 시도였다.

방대한 미국 초등 중등 학교의 영어 교육 커리큘럼을 ESL화시켜서, ABC도 모르는 초등학생들부터 외국에서 몇 년씩 살다 온 귀국자 학생들까지, 다양한 아이들에게 몰입식 영어 교육 커리큘럼을 그들의 적성에 맞게 실시해왔다. 그 결과, 다양한 실력을 갖춘 그 학생들 모두에게 효과를 볼 수 있는 영어학습법을 개발할 수 있었다. 그 영어학습법이란 '몰입'과 '적성' 을 기반으로 하는 것으로, 이 '몰입'과 '적성'이야말로 우리의 영어 교육 현실에서 가장 중요한 키워드라는 결론을 내렸다.

일정시간 이상을 영어에 노출시키는 한국형 몰입 영어학습법

우선 '몰입(Immersion)'에 대한 것부터 이야기하자면, '몰입'에 대한 오해부터 풀라고 말씀드리고 싶다. 우리나라 부모들과 영어를 가르치는 선생님들이 영어에 대해 공통적으로 가지고 있는 생각이 있다. 즉 단기간에 강력한 굴착기로 우물을 파는 것처럼 영어를 지독하게 시켜야 한다고 생각하는 것이다. 그러다 보니 많은 부모들이 급한 마음에 단기간 집중교육을 시키는 학원과 과외로 아이의 등을 떠밀어버린다. 하지만 그러면 그럴수록 아이는 영어에 더욱 흥미를 잃어간다는 사실을 알아야 한다.

'몰입'의 정확한 의미는 아이한테 단기간에 지독하게 영어 공부를 시키는 것이 아니라, 하루에 일정 시간 이상을 영어에 꾸준히 오랫동안 노출시킨다는 것이다. 그리고 내가 주장하는 '한국형 몰입식 영어학습법'이란 오랫동안 서서히 그리고 꾸준히 자녀에게 가능한 한 많이 영어를 읽고 듣고 말하고 쓰는 환경을 온라인과 오프라인으로 제공하여, 마치 미국에서 사는 것처럼 영어에 노출되는 기회를 최대한 확대하는 학습법이다.

한국에 살면 당연히 영어에 많이 노출될 수 없는 환경이기는 하지만 체계적인 미국식 커리큘럼을 온라인화시켜서 날마다 재미있게 영어 수업을 하고, 학교나 집에서 잦은 쪽지시험으로 배운 내용을 확인하는 것이다. 그리고 원어민 선생님과 오프라인 학습이나 직접 교류를 통해 영어에 자주 노출되게 만들면, 초등 6년이 끝날 무렵 영어 실력이 상당히 향상되어 있을 것이다.

왜 많은 사람들이 어학연수를 보낼까? 결국은 아이가 영어에 대한 접촉 빈도를 높이고 몰입할 수 있는 환경을 마련해주기 위해서다. 그런데 날마다 영어를 읽고 듣고 말하고 쓸 수 있는 몰입식 학습 환경이 온라인으로 구현되고 오프라인으로 강화된다면, 한국에서도 충분히 몰입 교육이 가능하다. 그러니 아이한테 무작정 영어 공부하라고 등을 떠밀기 전에, 아이가 영어에 몰입할 수 있는 환경이 제공되어 있는지 잘 살펴보아야 할 것이다.

아이의 강한 지능과 약한 지능을 고려한 MI 영어학습법

이와 함께 아이의 영어 공부 방법이 아이의 특성에 맞는지도 생각해보아야 한다. 더욱 효과적인 영어학습법을 위해서는 몰입식 영어 교육과 더불어 아이의 적성도 고려해야 한다. 아이마다 타고난 적성과 지능이 다르기 때문에 영어 공부도 아이한테 맞는 방법으로 해야 한다는 이야기다.

이를 테면 신체지능이 높은 아이한테 방 안에 한 시간이고 두 시간이고 틀어박혀서 공부하라고 하면 이 아이는 '으악' 소리치고 말 것이다.

이런 아이는 몸을 움직이면서 공부할 수 있는 학습법을 써야 한다. 또 논리지능이 강하고 대인관계지능이 그다지 높지 않은 아이한테 자꾸 엄마가 같이 공부하자고 하면 아이는 짜증을 부린다. 이런 아이는 혼자서 차근차근 파고들며 공부를 하게 해주어야 한다. 아이의 강한 지능과 약한 지능을 찾아서 그에 맞게 학습시키는 것, 이것이 바로 'MI 영어학습법'의 핵심이다.

특목고도 엘리트 코스 진학도 문제없는 초등 영어학습법

나는 지난 4년간 이 몰입과 적성 영어 교육을 실시하면서, 학생들의 영어 실력과 자신감이 현저하게 오르는 것을 눈으로 직접 확인할 수 있었다. 초등 저학년 학생들은 스펀지처럼 나의 학습법을 빨아들여서 효과가 아주 컸고, 초등 고학년과 중학생들도 스스로 강하게 동기부여를 하고 부모들의 지원이 있자, 3년 사이에 그 효과가 크게 나타났다.

이 책은 영어 교육 현장에서 쌓은 이런 나의 경험을 바탕으로 쓴 초등 중등 학생들을 위한 영어학습법이다. 이 책에서는 한국형 몰입식 영어 교육과 MI(다중지능) 영어 교육을 위한 커리큘럼 자체를 공개함으로써, 더욱 많은 사람들이 자녀의 효율적인 영어학습에 손쉽게 이용할 수 있도록 했다. 여기서 공개하는 커리큘럼은 미국의 현직 초등학교 선생님들과 함께 개발한 것으로, 아이들에게 적용한 결과 전 학생의 약 10% 정도가 외고와 민사고에 합격하는 성과를 거둘 수 있었다. 그중에는 귀국자들도 있었지만 순수 국내파 학생들도 적지 않았다.

엄마가 몰입과 적성이라는 두 가지 키워드의 영어학습법을 제대로 알면, 굳이 아이를 어학연수 보내지 않더라도 한국에서도 얼마든지 유창한 영어를 구사하게 할 수 있다고 자신 있게 말씀드린다. 이 책은 한국식 몰입형 영어학습법과 다중지능 영어학습법의 첫걸음으로 인도하는 하나의 영어 공부 안내서이다. 이 책이 영어 교육에 몰두하는 부모님들의 친절한 지침서로 자리매김하기를 바란다.

또한 이 책은 TV에서 쉽게 배우자고 흘러나오는 '노래하듯 따라 부르기(chanting)'나 적당히 발음을 굴려서 따라 하는 일상 회화 수준이 아니다. 이론적 배경을 기반으로 한 현장 중심적인 한국의 영어 교육 정책 가이드북이자, 보다 체계적이고 학문적으로 생생한 영어 사교육 현장에 접근한 본격적인 영어학습서이다. 동시에 엄마가 아이를 어떻게 가르쳐야 할지를 쉽게 풀어 설명한 책이기도 하다. 더 이상 아이의 영어를 학원이나 학습지 선생님에게만 맡기지 말자. 모든 교육에는 예부터 변하지 않는 왕도가 있다. 바로 부모가 아이를 제대로 알고 가르쳐야 한다는 것이다. 학교보다 먼저, 학원보다 먼저 부모가 각성해야 한다.

그리고 마지막으로 부모님들께 꼭 당부드리고 싶은 것이 있다. 영어 공부도 다른 교육과 마찬가지로 적절한 시기가 있다는 점이다. 아이가 아직 어린 초등학교 시절은 상대적으로 입시에서 자유로운 황금기이다. 바로 이 초등 6년 동안 어떻게 영어 교육을 시키는가에 따라, 영어 실력뿐만 아니라 지능개발도 동시에 향상될 수 있다.

그리고 지난 4년간 많은 아이들을 가르쳐본 결과, 아이의 영어 실력이 초등학교 6학년 때까지 일정한 궤도에 오르지 못할 경우, 중학교 이후에 급격한 실력 향상을 기대하기는 더욱 어렵다는 사실을 확인할 수 있었다. 중학교부터 입시경쟁이 치열해지는 국내에서는 더더욱 그렇다. 반면 초등 1학년 단계부터 꾸준히 몰입과 적성을 강조한 영어학습법을 제대로 배워나간 아이는 영어에 큰 어려움을 겪지 않고 고학년이 되면 영어 실력이 크게 발전한다. 어학연수를 다녀온 학생들 수준으로까지 발돋움할 수 있다는 것이 그동안 나의 경험으로 깨달은 사실이다. 만일 아이에게 훌륭한 영어 실력을 안겨주고 싶다면 꼭 초등 영어를 잡아야 한다. 그래야만 훌륭한 영어 실력이 전제되는 특목고 진학이나 기타 엘리트 코스의 진학 또한 쉬워진다. 이 사실을 잊어서는 안 될 것이다.

목차

PART 2

한국에서도 미국식 영어 연수가 가능하다

PART 3

아이마다 영어를 배우는 속도와 패턴이 다르다

PART 4

미국식 커리큘럼으로 배우는 학년별 초등 영어학습법

부록

체크해보기

아이의 영어를 망치는 부모?
아이의 영어 실력을 쑥쑥 키워주는 부모?

아이의 영어 교육에서 부모는 아이가 가장 효율적으로 영어를 배울 수 있는 환경을 만들어주는 최대의 지원자이자, 독선적으로 아이를 끌고 가 아이의 영어 실력을 난파시키는 아주 무서운 선장이 되기도 한다.

나는 만 4년간 영어교육센터를 운영하면서 1000여 명에 가까운 아이들을 만나면서 부모도 함께 만났다. 그 수많은 부모님들, 특히 엄마들을 만나면서 한 가지 사실을 확신할 수 있었다. 아이의 영어 실력은 어느 정도 부모가 결정하며, 아이의 영어를 망치는 부모와 아이의 영어 실력을 쑥쑥 키워주는 부모가 있다는 것이다.

본문에 들어가기 전에, 내가 그들을 상담하면서 느낀 점을 부모의 유형별로 소개해보겠다. 물론 어떤 부모든 어느 정도 좋고 나쁜 점이 있게 마련이다. 하지만 중요한 것은 이중에 좋은 점을 얼마나 발휘하고, 나쁜 점을 얼마나 잘 수정하는가 하는 것이다. 지금부터 소개하는 유형을 잘 보고 최소한 나쁜 유형의 부모가 되지 않으려면 어떻게 해야 할지, 부족한 부분은 어떻게 보완할지 고민해보길 바란다. 아이의 가장 큰 지원자인 엄마가 바로 서면 아이도 더 크게 자란다는 사실은 영어에서도 예외가 아님을 기억하자.

조급형 : 스테로이드 투입형

조급형은 중등부 부모들한테서 많이 나타난다. 이런 부모들은 아이가 열심히, 지독하게만 하면 몇 달 안에 영어 실력이 급격히 늘 수 있다고 믿는다. 그러나 영어는 기본적으로 기초체력의 싸움이므로 기본 실력 없이는 단어 습득과 독해, 가장 마지막 단계에 발현되는 말하기와 쓰기를 체계적으로 구사하기 어렵다. 실제로 상담을 요청하는 부모들 중에는 "그럼 두세 달 뒤에는 내신을 확 끌어올릴 수 있는 거죠?"라고 묻는 사람들도 있다. 단언컨대 그것은 어렵다. 최소한 매일 4시간씩 2년간 영어 공부를 한 다음에도 영어 실력이 확 늘지 않는다면, 그때는 필자를 찾아와서 문제를 제기해도 좋다. 하지만 그 전에는 본문에서 소개하는 '영어 습득에 필요한 절대 노출 시간 2400시간' 법칙을 꼭 지켜주기 바란다. 영어 공부는 단기간에 기적을 이루어내기 어려운 분야이다.

따라서 초등 고학년이든 중학생이든 영어 실력이 떨어진다면 자존심을 버리고 아이의 능력에 맞는 반을 찾아, 어린 학생들과 함께라도 날마다 2400시간을 목표로 열심히 공부해야 한다. 좋은 커리큘럼과 학습 방법을 찾으면 무조건 열심히 최선을 다하려는 자세가 필요하다. 엄마들 또한 "이 교재는 우리 아이한테는 너무 유치하지 않아요?"라고 되묻기보다, 아이의 영어 실력이 그 수준밖에 안 된다는 것을 받아들여야 한다. 그리고 아이에게 힘을 북돋아주며 장기전으로 끌고 가야 한다. 출발이 좀 늦어도 좋다. 그때부터라도 이를 악물고 올바른 학습법으로 날마다 서서히 장기적으로 실력을 올리겠다는 근본적인 자세, 그것을 가지는 것이 정답임을 잊지 말자.

무관심형 : 자유방임형

"아직 초등학생이니까 자유롭게 놀면서 자기 하고 싶은 것 하게 놔두지, 뭐." 이런 마음가짐으로 초등 5, 6학년까지 아이에게 영어 공부를 제대로 시키지 않는 부모들이 있다. 물론 아이를 사랑해서 그럴 것이다. 어린 나이에 공부를 억지로 시키는 것이 마음이 편치 않은 것이다. 그러나 언어의 불문율 중 하나는 바로 "어릴 때부터 시작해야 제대로 배울 수 있다"는 것이다. 초등 5, 6학년 때까지 영어의 기초실력이 다져져 있지 않으면 그때부터 대학교 들어갈 때까지 계속 따라만 가는 게임, 즉 캐치업 게임(catch up game)을 하게 된다. 영어는 캐치업이 아니라 앞서가는 게임이 되어야 한다. 그러려면 초등 시절에 영어 실력을 일정 궤도까지 올려야 한다. 그렇다고 아이가 괴로울 정도로 시키라는 것이 아니다. 즐겁고 재미있게 영어 공부를 하게 하면서 어느 궤도까지 올려놓으면, 중학교부터 아이의 공부와 인생이 훨씬 더 쉬워진다.

물론 아이가 미국 초등학교에 다니고 있다면 영어 공부를 할 필요는 없다. 실제로 미국 초등학생들은 야구도 하고 야외에서 많은 시간을 보내며 아이들과 대화하며 자연스레 사회성과 영어 실력을 쌓아간다. 그런데 한국 상황에서는 하루 종일 컴퓨터 게임, 만화책 읽기, TV 보기로 시간을 보내기 쉬운 환경이다. 그러니 아이를 놀게 놔두지 말고 차라리 즐겁게 영어 놀이를 하고, 영어 공부를 하게 하라. 그것이 아이의 미래에 더 도움이 되는 생산적인 교육 방식일 것이다. 그렇다고 아이에게 공부만 시키라는 뜻이 아니다. 여러 가지 활동을 하게 하되, 영어 공부만큼은 초등학교 1학년 때부터 꾸준히 시켜야 아이의 진로 설계와 입시에 유리하다는 뜻이다.

트로피형 : 자기과시형

이 유형은 무관심형의 반대형으로 아이의 영어 실력으로 자기를 과시하는 부모들을 말한다. 사실 은근히 내 아이 자랑을 하고 싶지 않은 부모가 어디 있겠는가? 과시욕이 지나친 부모들은 아이의 수준보다 지나치게 높은 귀국자 반이나, 잘하는 아이들이 많은 반에 자기 아이를 넣어달라고 무리한 요구를 하는 경우가 있다. 그러나 자랑과 자부심이 지나쳐 아이의 실력을 객관적으로 보지 않고 과시(show off)의 일부로 여기는 태도는 아이의 실력 향상에 절대 도움이 되지 않는다.

아이는 누군가의 자식이기 전에 자신만의 특성을 가진 독립체이다. 따라서 내 아이라 할지라도 아이 고유의 특징을 잘 파악해, 아이가 자신의 특성과 수준에 맞는 학습법으로 꾸준히 실력을 향상시킬 수 있도록 도와주어야 한다.

아이의 실력을 과시하고 자랑하고 싶어질 때 한 가지만 더 기억하자. 아이에게 영어를 가르치는 것은 지금 부모의 기쁨을 위해서가 아니라, 아이의 성공적인 미래와 행복을 위해서라는 것을 말이다. 또한 미래를 지향한다면 지금 당장은 성에 차지 않더라도, 아이의 MI(다중지능) 패턴을 알고 그에 맞는 영어학습법을 도입하는 것이 효과적일 것이다.

불안형 : 책상 앞에 앉아 있어야 안심하는 형

많은 한국의 부모들이 틈만 나면 아이들에게 하는 질문이 있다. “너 숙제 다 했어? 너 시험공부는 다 한 거야?” “학원에 숙제 좀 더 내달라고 해야겠다. 넌 매일 놀잖아.” 이처럼 아이들이 놀기 시작하면 불안감을 어쩌지 못해 아이들을 다그치는 것이다.

그러나 아이나 어른이나 잘 놀아야 몸도 정신도 건강하다. 이른바 다운타임(downtime 혹은 idle time)은 누구에게나 필요하다. 심지어 어른들도 자기용량(capacity)의 90% 이상을 가동하면 한계에 달하는 것을 느끼는데 아이들은 어떻겠는가? 공장에서 최대로 돌리는 90% 가동률(utilization)은 사실상 굉장히 숨가쁘다. 흔히 비즈니스에서는 대체로 80~85% 가동률이 적합하다고 한다. 한창 놀 나이에 호기심 많은 초등학생은 70% 가동률 정도면 충분하다. 즉 초등학생들은 자기 시간의 30% 정도는 놀아야 생산성이 늘게 된다.

내가 가르쳤던 초등학교 4학년인 로라는 그야말로 숨가쁜 하루하루를 보내곤 했다. 로라의 어머니는 아침에는 로라에게 전화 영어를 시키고, 수업이 끝난 오후 3시부터 저녁 9시까지는 쉬는 시간 없이 이 학원 저 학원에 보냈다. 한번은 로라가 “너무 학원을 많이 다녀서 숙제 할 시간이 없었어요” 하고 울먹이는 것을 보았는데, 이런 방식으로는 결코 학습효과를 높일 수 없다. 무엇을 배우든 그것을 복습할 시간이 없다면 아무 소용이 없기 때문이다.

아이가 반드시 책상 앞에 앉아 있지 않더라도 안심하는 부모가 되는 것, 영어 교육에서 참 중요한 사항이다. 아이가 대화를 하면서, 자유롭게 놀고 움직이면서 단어를 외우고 공부하게 하는 것도 좋다. 또한 아이가 최소한 자기 시간의 20~30% 정도는 빈둥거리면서 놀게 해줄 필요가 있다. 예를 들어 주중에 열심히 공부했다면 주말에는 최소한의 것만 시키고 그냥 놀게 놔두라. 특히 일요일 하루 정도는 완전히 쉬게 해주는 것도 좋은 방법이다. 놀아야 두뇌가 창의적으로 움직일 수 있으니, 30% 정도는 친구들과 놀러 다니거나 축구를 해도 그냥 두자.

부화뇌동형 : 남들 따라 우르르형

자기 아이의 특성을 제대로 파악하지 못하면 소신을 가질 수 없고, 그러다 보면 남들 하는 대로 따라가는 수밖에 없게 된다. 학원마다 영어학습법이 다른 것처럼, 아이마다 아이의 특성과 MI(다중지능) 패턴도 다르다.

진짜 극성 엄마들은 절대 우르르 몰려다니지 않는다고 한다. 그들은 놀랍도록 정보를 중시하며 모든 공부나 학습법도 자기 아이 중심으로 생각한다. 교육열 치열하기로 소문난 대치동 학부모인 한 엄마가 하루는 내게 이렇게 귀띔해 준 적이 있다. "여기 엄마들은 자기 자식에 관한 한 아주 이기적인 존재들이에요. 절대 남들 따라 우르르 몰려다니지 않을 뿐더러, 진짜 좋은 정보는 남들하고 공유하지도 않고 자기 아이한테만 살짝 준답니다."

물론 자기 아이만 생각하는 자세는 곤란하겠지만, 부모는 자기 아이의 특성을 잘 파악하고 자기 아이한테 맞는 학습법과 커리어 설계를 해줄 기본적인 의무가 있다. 그래야만 아이도 나중에 자라서 행복하고 성공적인 삶을 살아갈 수 있다.

이제부터라도 학원 마케팅에 현혹되거나 이웃 엄마의 주장이나 뜬소문에 아이의 교육을 맡기지 말고, 부모가 먼저 챙기도록 하자. 학습법, 영어 교육 방법, 진로와 커리어 설계에 대해 부모가 먼저 공부를 하고 아이에게 도움을 주어야 할 것이다. 즉 '내 아이의 영어 실력은 내가 결정한다'는 확고한 자세, 능동적인 부모의 자세가 필요하다. 그리고 장기적으로는 이런 부모의 노력이 결국 아이의 영어 실력을 결정하게 된다.

반면에 아이의 영어 실력을 쑥쑥 높여주는 부모의 유형도 있다. 어떤 부모들인지 한번 보자.

전문가형 : 분석형

아이의 영어 실력을 키워주는 부모들을 보면 대체로 자기 아이의 특징을 잘 알고 있다. 우리 아이가 승부욕이 강한지 약한지, 강한 지능은 무엇이고 약한 지능은 무엇인지, 읽기/듣기/말하기/쓰기의 영어 4대 영역에서 어느 쪽이 강하고 약한지 등을 나름대로 잘 파악하고 있다. 즉 내 아이의 강약점과 지능 패턴을 잘 파악하고 있기 때문에, 선택과 집중을 통해 아이에게 효율적인 영어학습 방법을 조언할 수 있는 것이다.

이런 부모들은 아이들에게 모든 걸 다 시키려 들지 않는다. 유치원 시절 다양한 활동에 노출시켜보고 초등 저학년(1, 2학년), 중학년(3, 4학년), 고학년(5, 6학년)으로 올라가면, 아이에게 꼭 필요한 공부나 특별활동만 시키면서 아이의 관심을 집중시킨다. 다양한 노출 후에 '선택과 집중'이라는 원칙을 적용하는 것이다.

우리 조카 DJ는 늘 바쁜 커리어 우먼 엄마를 두어, 엄마가 아이의 교육에 올인하기 힘든 상황이었다. 그래서 교육 전문가인 필자에게 아이의 적성 교육과 영어 교육을 모두 맡겼다. DJ에게 여러 가지 특별활동을 시켜보았더니, DJ는 유치원 때부터 미술이나 음악에는 영 관심을 보이지 않았고, 달리기 등 체육에서도 다른 아이들보다 좀 느렸다. 나는 DJ의 체력을 키워주기 위해 초등 6년 내내 태권도를 시키면서 나중에는 축구, 농구 등도 시켰다. 하지만 어차피 예체능에는 재능이 없었고 일단 공부로 먹고살아야 할 것 같아서, 내가 개발한 MI(다중지능) 검사를 통해 DJ의 적성을 찾아보기로 했다.

그 결과, 아이가 문과 기질이 높고, MI(다중지능) 패턴이나 성격 등 여러 가지 특성으로 보아 기업 법률가가 되는 것이 적합하다고 판단했다. 이렇게 커리어 목표가 정해지자 구체적인 초등 시절의 교육 목표를 정해야 했다. 그리하여 DJ의 초등학교 때 목표를 해외연수를 보내지 않고도 영어 실력을 최고로 끌어올리기, 태권도를 통한 체력 향상, 초등 5학년 이후에는 수학 실력 향상으로 정했다. 초등 5학년이 되자 DJ의 영어 실력은 아주 좋아졌지만 쓰기 실력이 너무 형편없었다. 그래서 2년가량 내가 직접 과외를 맡아 주말마다 에세이를 쓰게 했더니, 영작 실력뿐 아니라 논리지능도 훨씬 더 좋아졌다.

전문가적이고 분석형인 부모들은 아이가 초등 4~5학년에서 중등 1학년 때쯤이면 이처럼 아이의 적성을 미리 파악해서 대략적인 진로를 정하고 커리어 설계를 해준다. 또한 영어도 일찍 시작하고, 철저한 분석을 바탕으로 아이에게 적합한 방식으로 교육시킴으로써 아이의 미래를 전략적으로 계획한다.

장기접근형 : 마라톤 선수형

영어라는 게임은 장기전으로 접근하는 것이 가장 기본적인 룰이다. 아이가 영어를 잘하게 만들려면 초등 1학년 때 시작해서 초등 6학년까지 쉬지 말고 계속 시키되, 장거리를 달리면서 중간에 지치거나 슬럼프에 빠지는 경우도 감안

해야 한다. 영어가 장기전이라는 것을 잘 아는 부모들은 아이가 힘들어하면 학습 환경을 바꿔주거나, 가족들이 함께 여행을 가서 쉬게 해주는 등 장기 학습 슬럼프 극복책을 가지고 있다.

뿐만 아니라 이 유형의 부모들은 아이들이 슬럼프에 빠지지 않도록 동기부여를 잘해주고, 힘을 북돋아주는 것을 중요시 여긴다. 약해진 몸에 영양제를 주듯이 지친 아이에게 보상을 걸고 게임처럼 즐기면서 슬럼프를 극복하도록 한다.

실제로 내가 아는 엄마는 영어 공부를 잘하면 용돈을 올려준다. 언뜻 너무 물질적이라고 보일 수도 있으나, 경제관념이 생겨나는 아이에게 영어를 더 잘 해야겠다는 강한 인상을 심어줄 수 있다. 물론 이런 보상을 할 때는 그냥 돈을 줄 것이 아니라, 가족 영어 단어 경시대회에서 이긴 팀에게 돈이나 상품을 주는 등의 다양한 방법을 쓰면 좋다.

학자형 : 같이 공부하기 형

책을 많이 읽는 부모한테서 자란 아이는 대부분 책과 가깝다. 설사 언어지능이 낮더라도 책에 대해 친근함을 가지고 가까이 한다. 영어도 별다르지 않다. 아이가 영어를 잘하기를 바란다면 부모가 아이와 함께 날마다 영어 공부를 하면 된다. 실제로 내가 아는 몇몇 부모들은 아이와 함께 공부하면서 함께 슬럼프도 겪고, 함께 괴로워하고 즐거워하면서 그 시간을 즐긴다. 서로 '동병상련'을 느끼면서 힘든 시간을 함께하는 것이다.

그런 부모들은 아이와 대화를 나누려고 애를 쓸 필요도 없다. 그저 날마다 함께 영어 공부를 하는 것 자체가 아이와 소통하고 함께 즐길 수 있는 시간이 된다. 엄마가 더 잘하면 아이에게 가르치고 아이가 잘하면 엄마를 가르치면서, 엄마와 아이가 서로 깊은 우정의 씨앗을 키워나간다면 영어 공부 이상의 가치를 지닐 것이다. 그러므로 최소한 주말에 두 시간씩만이라도 아이와 함께 영어 공부하는 습관을 길러 보도록 하자.

유머형 : 여유와 창조형

흔히 아이를 잘 가르치려면 무섭게 해야 한다고 생각하는 부모들이 있다. 하지만 사실은 이와 정반대이다. 아이와 영어 공부를 할 때는 칭찬과 웃음이 80~90%, 엄중한 꾸지람이 10% 정도로 배분되는 것이 좋다. 웃음이 많은 부모는 아이에게 관심과 배려를 느끼게 해주어 아이의 힘을 북돋아준다. 실제로 아이들은 MI(다중지능)나 성격은 다 다르지만, 자기에게 깊은 관심과 애정을 보여주는 사람, 함께 웃을 수 있는 사람들을 아주 좋아한다. 그리고 엄마와 아이가 함께 공부하면서 웃으면, 아이를 꾸짖는 것보다 둘 사이를 훨씬 단단하게 이어준다. 뿐만 아니라 아이가 기분 좋게 공부할 수 있게 만들어, 아이를 훨씬 수월하게 이끌어갈 수 있고 그만큼 학습효과도 더욱 높일 수 있다.

이런 유머형 부모들은 아이의 영어를 조급하게 생각하지 않고, 창조적이면서도 즐겁게 가르치려고 한다. 사실 나도 일주일 내내 일하고 주말에 조카 DJ를 가르치려니 힘들었다. 일주일 내내 학교 다니고 주말에 공부해야 하는 DJ도 힘들긴 마찬가지였을 것이다. 하지만 우리는 이 힘든 눈물의 시간 속에서 웃음을 찾아내려고 애썼다.

우선, 영작 에세이 주제나 제목을 우스꽝스럽거나 재미있는 것으로 정해 영어 공부를 시작할 때 분위기를 밝게 만들었다. 이를테면 '이모가 매력 있는 세

가지 이유' '나의 저항할 수 없는 매력 세 가지' '내가 성공할 수밖에 없는 세 가지 이유' '내 인생에 가장 중요한 세 명의 여자 : 엄마, 할머니, 이모(혹은 누나, 여동생)' 등이었다. 그리고 에세이를 다 쓰면 온 가족이 함께 웃으며 읽는 자리를 만들었다.

처음에는 "말도 안 돼, 제목이 이게 뭐야~ 이모!" 하면서 반대하던 DJ도 어쩔 수 없이 영작을 시작했고, 이를 계기로 영작 실력이 많이 좋아졌다. 물론 이렇게 흥미를 붙인 뒤에는 '내가 만일 10억이 있다면 어떻게 쓸까' '나는 10억을 어떻게 벌까'와 같은 교육적인 주제들로 나아갔다. 나중에는 좀 더 전문적인 주제들이나 심도 깊은 제목들, 즉 환경오염이나 빈부격차, 지구 온난화, 직장에서의 성 차별 같은 것들도 다루었다. 이 기간 동안 나와 DJ는 괴롭기는 했지만 나름대로 우리만의 깊은 공감대를 형성할 수 있었다.

애정형 : 관심과 배려형

아이에게 영어 공부를 잘 시키는 부모 중에는 애정형 타입의 부모들이 많다. 이런 부모들은 공부를 할 때 "이렇게 해라" 하고 지시하는 대신 함께 공부하며 관심과 배려를 보여준다. 즉 구체적으로 공부하는 방법을 가르쳐주고 아이를 북돋아준다. 성인들도 살을 빼거나 몸 만들 때 개인 트레이너가 필요하듯, 아이들한테는 함께 공부하면서 지도해주는 영어 코치가 필요하다. 일주일에 한 번이라도 아이와 함께 공부하거나 쪽지시험이라도 보아라. 그러다 힘이 들면 아이한테 "우리 지훈이, 공부하느라 수고 많네. 엄마도 해보니까 너무 머리가 아프다. 엄마 잠깐만 쉬고 다시 하자"라고 말하며 함께 고심하고 있다는 태도를 보여주라.

또한 애정형 부모들은 일주일에 한 번 공부해도 아이에게 깊은 관심을 가진다. 때로는 다른 사람과 약속을 하는 것처럼 아이와도 시간 약속을 정하고, 그 시간 동안은 설거지도 남은 업무도 제쳐놓고 오직 아이에게만 신경을 쓴다. 아이의 의견과 질문에 100% 집중해서 듣고 성의를 다해 대답해준다. 즉 이 세상에 오로지 아이와 엄마만 존재하는 듯, 아이에게 깊은 관심을 보이며 집중해서 들어주고 함께 영어 공부를 하다 보면 아이의 몰입도가 빨라진다. 그러면서 아이도 부모와 소통하고 인정받을 수 있는 이 시간을 손꼽아 기다리게 된다.

결국 아이의 영어 실력은 부모에게 달려 있다. 오늘부터라도 내 아이의 영어 실력은 내가 책임진다는 태도로 부모와 아이의 '영어 실력 올리기' 공동 프로젝트를 시작해보라. 앞으로 5년간만 계속한다면 아이의 영어 실력은 눈부시게 성장할 것이다.

그리고 아이와 함께 고생했던 그 순간들은 당신도 모르는 사이에 어느덧 다시는 돌아오지 않을 소중한 추억으로 남을 것이다. 왜냐하면 아이들은 너무나 빠른 속도로 훌쩍 커버려, 곧 당신이 함께 공부할 수준을 넘어선 큰 나무로 자라 있을 것이기 때문이다. 어느 순간 당신의 아이는 멋진 어른이 되어 당신 앞에 서 있을 것이고, 당신은 어느덧 나이 든 모습이 되어 있을 것이다. 그러니 그 빠른 세월의 흐름 속에서 당신이 아직 젊은 이 순간부터라도, 아이와 함께 공부하는 소중한 추억의 순간들을 만들어보기 바란다.

초등 영어학습의 7가지 황금룰

D K F L S K A P W **01**

E C K J K M C Z Q

P W E O R I X F J

영어학습에 가장 효과적인 4세에서 8세를 놓치지 마라

E K W K D F L

D J F L S P Q

내가 아는 분 중에 초등학교 독서 지도 교사로 일하는 분이 계시는데 하루는 그분으로부터 이런 이야기를 들었다.

"요즘 학교에서 보면 너무 어려서 뜻도 잘 모르는 것 같은데 영어 문장을 술술 구사하는 아이들이 많더라고요. 외국에도 안 갔다 왔다는데……."

이런 아이들은 아주 어려서부터 소리 체계로 영어에 많이 노출된 덕분에, 영어를 머리로 분석하는 의미체계보다는 소리로 이해하고 자연스럽게 받아들여 그런 현상을 보이는 것이다.

또 다른 초등학교 선생님은 어떤 학생들은 원어민에 가까운 발음을 하는데, 그럴 때면 부러운 생각이 절로 든다는 이야기도 했다. 영어 교육에서 흔히 알려진 오해 중 하나는 외국인이 다른 나라의 언어를 완벽히 마스터하기는 굉장히 어려운데, 특히 발음이 가장 어렵다는 견해이다. 발음이란 그 나라에서 나고 자라지 않으면 아무리 연습해도 완전히 극복하기 어렵기 때문이다. 하지만 과연 그럴까? 그렇다면 어떻게 요즘 아이들은 자연스러운 문장 구성은 물론, 단어 하나를 읽어도 원어민에 가까운 발음을 할 수 있을까? 그 비결은 무엇일까?

나중에 자세히 다루겠지만 영어 발음이 원어민 가깝게 되는 데는 두 가지 이유가 있다. 첫째, 영어를 배우게 되는 시기가 만 4세에서 12세, 즉 유아에서 초등 시절은 두뇌 구조상 소리체계로 접근하므로 영어 발음을 익히는 데 더 유리하다. 또 영어를 외국어(EFL, English as a Foreign Language)보다는 제2언어(ESL, English as a Second Language)로 접근하기 때문에 영어 발음과 영어 흡수력이 더 크다. 둘째, 성장한 후에 영어를 배울 경우에도 그 사람의 MI 중에서 음악지능이 높으면 절대음감이 좋아서 소리를 그대로 따라 할 수 있기 때문에 상대적으로 발음이 좋을 수 있다. 즉 영어 발음이 좋아지려면 영어를 일찍부터 배우거나 아니면 음악지능이 높아야 유리하다.

왜 초등 영어가 중요할까?

미국의 유명한 언어학자 촘스키는 사람은 타고날 때부터 누구나 다 언어를 습득할 수 있는 장치(언어습득장치이론 : Language Acquisition

Device Theory)가 있다고 주장한다. 그 시기가 만 4세에서 만 12세인데, 이 시기에 모국어에 노출되지 못한 아이는 정상적인 언어생활이 어렵다고 한다. 그 예로 제니의 이야기를 살펴보자.

제니는 1970년 로스앤젤레스의 한 작은 벽장 속에서 발견되었다. 당시 그녀의 나이는 13세였는데, 생후 18개월 되던 때 정신질환을 앓고 있던 아버지가 그녀를 그곳에 가두었다고 한다. 앞을 보지 못했던 그녀의 어머니 또한 아버지에게 정신적으로 육체적으로 학대를 당하고 있었던 탓에 제니를 돌봐줄 수 없었다. 제니는 이렇게 사람과 접촉을 하지 못한 채, 그곳에서 10년을 넘게 보내야 했다. 그러다 제니의 아버지가 죽고, 이웃 사람들의 신고를 받고 출동한 경찰이 그녀를 발견하고 꺼내주었다. 당시 제니의 몸은 이미 소녀로 자랐지만, 한 단어로 된 말 몇 마디만 알아들을 뿐 말을 전혀 하지 못했다. 언어 습득의 결정적인 시기인 만 4세에서 12세 동안 모국어에 노출되지 못한 탓이었다.

이후 제니는 각종 심리치료를 받으며 집중적인 언어 교육을 받아 5년 뒤에는 좀 복잡한 문장도 알아들을 수 있게 되었지만, 결코 정상적인 수준에 이르지 못했다. 지속적인 언어 교육의 효과로 어휘는 풍부해졌으나 기본적인 문법과 어순을 결정하는 구문법을 제대로 익히지 못한 것이다. 예를 들어 제니는 어순을 바꿔서 의문문을 만드는 법이나 대답할 때 'you'를 'I'로 바꾸는 법 등을 알지 못했다. 말을 할 때면 가끔 동사를 사용했지만 주로 명사들을 사용했고 형용사나 부사는 거의 쓰지 않았다. 결국 제니는 두세 단어 정도만 가지고 의사표현을 할 뿐이었다. 모국어에 제대로 노출되지 못한 채 만 4세에서 만 12세라는 언어습득의 결정적 시기를 놓치는 바람에, 제니는 나중에 집중 언어 교육을 받았지만 필요한 언어 모듈을 발달시킬 수 없었던 것이다.

제니의 이야기는 만 4세에서 만 12세 사이에 언어를 습득하지 못하면 정상적인 언어를 구사할 수 없다는 촘스키의 이론을 잘 뒷받침해준다. 뿐만 아니라 이 시기의 언어 습득이 얼마나 중요한지도 말해준다. 그렇다면 외국어인 영어를 배우는 시기도 모국어 습득처럼 결정적인 시기가 있을까?

한번은 스탠퍼드 대학에서 캘리포니아에 거주하는 라틴계, 아시아계, 유럽계 외국인들을 대상으로 영어 습득에 따른 패턴을 조사한 적이 있다. 여기서 도출된 결과는 언어 습득의 결정적인 시기가 있다는 사실에 더 큰 확신을 실어주는 내용들이었다. 만 4세에서 만 12세 사이에 체계적으로 영어를 배운 외국인들의 영어 발음이 원어민에 훨씬 더 가깝고, 영어를 구사하는 데도 더 편안함을 느낀다는 것을 알 수 있었다.

결국 이 문제를 연구했던 여러 명의 언어학자들이 내린 결론은 다음과 같다. 모국어를 제대로 익히려면 만 4세에서 만 12세까지는 반드시 모국어 사용 환경에 많이 노출되어야 한다. 또한 외국어 습득은 모국어처럼 그 시기를 놓치면 습득이 불가능해지는 결정적인 시기가 있는 것은 아니나 '가장 효과적인 시기'는 역시 만 4세에서 만 12세 사이이다.

즉 자녀의 영어 공부는 초등학교 1학년부터 본격적으로 시작해 초등 6년 동안 지속적이고 체계적으로 이루어져야 가장 효과적으로 일정한 수준에 오를 수 있다는 것이다. 초등 영어가 결정적으로 중요한 이유에 대해 좀 더 구체적으로 살펴보도록 하겠다.

첫째, 초등 1학년부터 영어 공부를 체계적으로 시작하면 입시에 대한 압력이 덜 하기 때문에 제대로 된 영어 교육을 할 수 있다. 뿐만 아니라 초등 고학년에서는 영어를 공부하면서 다양한 과학, 사회, 문학 등의 내용을 다루므로 지능개발 효과 또한 기대할 수 있다. 따라서 초등 1학년부터 제대로 된 커리큘럼을 숙지하고 따라가다 보면, 영어의 4개 영역인 말하기/듣기/읽기/쓰기의 모든 기반을 제대로 갖추어나갈 수 있고, 영어 공부를 통해 다양한 지능까지 개발하는 효과를 볼 수 있다.

둘째, 초등 1학년부터 날마다 아이에게 부모가 몰입식 영어를 체계적으로 가르치면 미국식 수업의 효과가 자연스럽게 나타난다. 아이는 영어를 재미있게 배울 수 있고, 파닉스(Phonics, 영어발음 연습)/읽기/회화/쓰기 등 영어의 4대 영역이 모두 강화된다. 따라서 영어의 기초체력이 현저하게 강화된다. 이는 중학생이 되어 입시경쟁에 맞닥뜨려 집중 강화 훈련을 시킬 때 필요한 지적인 기초공사가 된다.

셋째, 영어 공부는 일찍 시작하면 수년에 걸쳐 아이에게 적합한 체계적인 학습 방법을 더욱 잘 찾을 수 있다. 아이의 강한 지능과 약한 지능을 미리 파악해 적합한 영어학습법을 발견할 수 있기 때문이다. 또한 초등 시절에 MI 영어학습법을 도입하면 자녀의 영어 실력뿐 아니라 차후 진로 결정에도 큰 도움이 된다.

아이가 영어에 아무리 재미를 붙였다고 해도 영어 공부를 늦게 시작하면, 시험이나 입시에 영향을 받기 때문에 순수한 언어 습득의 즐거움을 누리기 어렵다. 결국 초등학교 시절에 재미있게 공부하면서 영어의 기초체력을 키우는 일은 여러모로 영어 인생 전반에 큰 도움이 된다.

이런 학생들은 중학교에 가서 집중교육을 실시했을 때 훨씬 더 큰 효과를 발휘한다. 기초체력을 강화시킬 수 있는 미국식 커리큘럼과 폭넓은 스토리북 읽기와 듣기, 스토리북에 나오는 단어들의 암기, 그리고 생활회화를 이미 터득했기 때문이다.

즉 영어로 듣고 말하는 의사소통 능력을 중시한다면, 그리고 자녀가 국제사회에서 당당하게 의사소통할 수 있는 전문 인력이 되기를 원한다면, 가장 효과적인 방법이 초등 1학년부터 미국 초등학교 커리큘럼에 따라서 체계적으로 날마다 재미있게 공부하는 몰입식 영어학습이다.

8세와 12세 사이, 우리 뇌는 어떻게 변하는가?

그렇다면 왜 이 학자들은 4세부터 12세까지가 언어 습득에서 가장 결정적인 시기라고 하는 것일까? 여기에는 크게 말해 두뇌의 문제가 작용한다. 첫째, 우리 두뇌는 만 13세 이후부터 두뇌의 유연성(brain plasticity)을 잃기 시작하기 때문이다. 둘째, 13세 이후부터는 좌뇌와 우뇌의 구분(lateralization : the specialization of the two sides of the brain 혹은 brain hemisphere)이 뚜렷해진다. 그래서 13세 이후에 영어를 배우게 되면 제2언어로 받아들이기보다는 외국어로 받아들이는 것이다.

즉 13세가 되기 전, 두뇌가 가장 유연한 4세부터 12세 사이에 몇 개의 언어를 얼마나 배우는가가 아이의 평생 동안 언어 구사에 결정적인 영향을 미친다. 이 시기에 다양한 단어 습득과 영어책 읽기, 듣기 등을 통해 제2언어로서 영어를 배워두면, 13세 이후에 배우는 것보다 훨씬 더 자연스럽게 모국어 스타일로 구사할 수 있다는 의미다.

어릴 때 영어를 시작한 아이들은 국적과 피부색에 상관없이 거의 네이티브와 다름없이 말하는 경우를 종종 보았을 것이다. 모국어는 좌뇌가 담당하고 외국어는 우뇌에서 담당하는데, 일찍이 모국어와 함께 외국어를 배우면 좌뇌 하나로 두 언어를 동시에 담당하는 두 언어 두뇌 구조(bilingual brain)를 갖게 된다. 따라서 영어를 제2언어인 ELS(English as a Second Language)로 말할 수 있게 된다. 어릴 때부터 영어를 배운 아이들이 발음도 훨씬 더 좋고 영어 감각이 좋은 것도 바로 이 때문이다.

| 만 13세 이후에도 영어를 잘 배울 수 있을까? |

그렇다면 만 13세부터 영어를 배운다면 어떨까? 이때는 이미 뇌의 유연성이 약화되는 시기로, 먼저 배운 모국어를 기반으로 영어를 배우게 된다. 따라서 영어를 제2언어가 아닌 외국어로 접근하고 사용하게 되는 만큼, 4~12세의 결정적 시기보다 영어 구사가 좀 더 부자연스러울 수밖에 없다. 하지만 13세 이후, 더 나아가 성인이 되어 시작했는데도 영어나 다른 외국어를 아주 잘하는 사람들도 분명 있다. 그런 사람들은 어떻게 해서 외국어를 그렇게 잘할 수 있게 되었을까?

외국어 습득에 유리한 초등 시기를 놓쳤는데도 외국어를 잘하는 사람들의 경우는 대부분 언어지능(language intelligence)이 뛰어난 사람들이 많다. 타고난 언어에 대한 뛰어난 능력과 감각이 외국어 습득에 유리한 초등 시기를 놓친 부족분을 상쇄해버리는 것이다. 그도 아니라면 지독하고 성실한 노력파로서, 외국어 습득에 필요한 절대 노출 시간인 약 2400시간을 남들보다 집중해서 몰입한 강한 동기부여의 소유자들일 가능성이 많다(나중에 상세히 이야기하겠지만, 외국어를 습득하는 데는 약 2400시간의 절대 노출 시간이 필요하다). 실제로 영어학습효과를 높이는 방법이 바로 학생의 강한 동기부여라는 연구 결과도 나와 있다.

다시 말해 영어 습득의 3박자, 즉 절대 노출 시간(2400시간 이상), 강한 동기부여, 그리고 타고난 언어지능 이 세 요소가 결합되면 언제 영어를 배우기 시작하든 누구나 영어를 잘할 수 있다. 그렇지만 초등학교 시절 영어 교육을 제대로 받는 것이야말로 장기적으로 가장 유리한 선택이라는 것은 꼭 기억하자.

Key Point

이것을 꼭 기억하세요!

1. 만 4세에서 만 12세까지는 언어 습득의 결정적인 시기(critical period)로, 모국어의 경우 이 시기를 놓치면 나중에 언어 교육을 받아도 정상적인 언어 구사를 할 수 없다.

2. 외국어의 경우 이 시기를 넘긴다고 해서 언어 구사를 아예 못하는 것은 아니지만, 그래도 역시 이때가 가장 습득 효과가 높다는 점을 감안하자.

3. 영어를 제대로 배우려면 언어 습득의 3박자인 절대 노출 시간(2400시간), 강한 동기부여, 타고난 언어지능이 필요하다. 따라서 외국어의 경우 설사 시기를 다소 놓쳤다고 해도 이 세 요소를 갖추면 부족분을 빠르게 상쇄할 수는 있다.

02

영어 유치원, 꼭 보내야 한다는 생각을 버려라

영어 유치원의 존재는 비용 면에서 부담스럽기는 하지만 한편으로는 '여기 보내면 영어는 OK'라는 심리적인 안정감을 준다. 더욱이 언어 습득에 결정적인 시기가 만 4세부터라고 하는 만큼, 영어 교육도 유치원 때부터 시키는 것이 분명 효과적이기는 하다. 그런데 문제는 영어 유치원도 잘 선택해야지 잘못 선택하면 오히려 아이의 영어학습 습관을 망칠 수 있다는 점이다. 따라서 영어 유치원의 장단점을 잘 따져봐야 한다.

내가 운영하는 영어교육센터에 다녔던 영수의 사례를 보자. 영수의 엄마는 외국인 회사에 다녔는데, 너무 바빠서 아이에게 영어를 가르칠 시간이 없었다. 그래서 한국인 선생님과 원어민 선생님이 함께 수업을 하는 체인 영어 유치원에 아이를 3년간 보냈다. 꼭 아이의 영어 공부에 목적을 두었다기보다는 그야말로 영어도 하면서 놀러 다니라고 보낸 결정이었다. 영수는 영어 이름을 쓰기 싫다면서 YS라는 자신의 이니셜을 고집했고, YS는 3년간 놀듯이 영어 공부를 하면서 영어 유치원을 마쳤다.

이렇게 영어 유치원에서 많은 원어민 선생님과 익숙해졌던 YS는 주말에 엄마의 외국인 동료들이 놀러와도 아주 자연스럽게 대했다. 어떤 날은 미국 월가 증권사의 채권부서 본부장이라는 멋진 타이틀을 가진 거물급 금융 전문가인 엄마의 상사가 왔는데, 그때도 자신의 원어민 선생님 대하듯이 자연스럽게 함께 놀았다. 어릴 때부터 영어를 시작한 결과, 영어를 자연스럽고 익숙하게 받아들이게 된 것이다. 또한 영어에 대한 스트레스를 거의 느끼지 않고 기초를 다졌으므로, 초등 3학년 때부터 본격적인 강화 프로그램을 실시할 수 있는 기초체력이 다져진 것이다.

영어 유치원을 다니면서 자연스럽게 영어 감각이 좋아진 영수와 달리 미나는 집에서 엄마와 함께 공부하면서 영어 실력이 아주 좋아진 사례다. 미나는 어려서부터 엄마가 보여주는 영어 비디오테이프의 소리를 그대로 잘 따라 했다. 영어 노래도 잘 따라 했고, 발음도 그대로 잘 따라 했다. 미나 엄마는 미나에게 닥터 수(Dr. Suess) 시리즈를 보여주었고, 그 외에도 여러 가지 재미있는 영어 비디오테이프를 보여주며 영어 노래도 같이 부르고 나중에는 영어책도 읽어주었다.

이렇게 해서 미나가 영어에 관심을 보이자 미나 엄마는 여러 가지 색연필로 영어 단어를 그리듯이 쓰는 놀이를 미나와 함께 했다. 미나는 곧 알파벳을 따라 쓸 수 있게 되었고, 기본 단어들을 엄마와 함께 따라 읽고 쓰면서 영어의 기초를 익히게 되었다. 미나 엄마는 미나와 함께 빵을 만들거나 게임을 하면서도 영어를 사용했다. 미나는 이렇게 아주 기본적인 영어 문장들을 익혀나갔다. 미나가 기본 단어를 다 익혔다는 생각이 들자 이번에는 외국 문화원에서 하는 영어 프로그램을 찾아서 일주일에 두 번씩 미나를 데려갔다. 그러자 미나는 금방 원어민 선생님과 간단한 말로 대화를 하면서 놀 수 있었다. 미나는 영어 유치원에 해당하는 프로그램을 엄마의 지도하에 거의 혼자서 마칠 수 있었던 것이다. 미나의 경우는 영어 유치원 보내지 않고 엄마의 노력으로 영어 실력을 올린 좋은 사례다.

영어 유치원, 보내려면 잘 따져봐야 한다

영어 유치원은 아이의 영어 발음을 좋게 하고 원어민과 자연스럽게 의사소통을 하게 해준다는 장점이 있지만 단점도 분명히 있다. 영어 유치원에서는 놀이 위주의 학습을 하는데, 영어 유치원에 오래 다닌 아이들은 초등학교에 입학해서 체계적인 학습법을 받아들이려 하지 않는 경우도 많다. 그래서인지 영어 유치원에 다닌 아이들이 초등학교에 가면 버릇이 없다는 평판을 자주 듣기도 한다.

그렇다고 영어 유치원에서 학습 위주로 수업을 하다 보면 더 나쁜 결과를 가져올 수 있다. 자칫 영어에 대한 반발심을 가지게 될 수 있기 때문이다. 한번은 내가 운영했던 영어학원에 등록한 한 학생의 어머니한테서 영어 유치원을 다니던 아이가 학원 갈 시간만 되면 몸을 비틀며 운다는 이야기를 들었다. 그러면서 몇 번이나 "엄마, 나 영어 안 하면 안 돼?"라고 하더라는 것이다.

아이가 영어를 배우는 데 가장 큰 장애가 뭐냐고 묻는다면, 나는 이처럼 영어를 적대시하게 만드는 교육 환경이라고 말하고 싶다. 특히 나이가 어린 아이에게 지나친 짐을 지우는 스파르타식 영어 교육은 그 자체로 생산성을 떨어뜨릴 수밖에 없다. 이런 문제를 미연에 방지하려면 학습과 놀이에 대한 균형 감각을 잘 갖춘 학원을 찾는 것이 필요하다. 영어 유치원을 선택할 때는 다음 몇 가지를 잘 따져보도록 하자.

사람마다 다른 기준이 있겠지만 나는 영어만 교육하는 유치원보다는 한국어와 영어를 함께 배우고, 아이들을 억지로 통제하지 않고 마음껏 뛰어놀게 하며 다양한 지능들을 개발시킬 수 있는 자유로운 커리큘럼을 선호한다. 유치원을 선택할 때는 커리큘럼과 학원장의 교육철학이 굉장히 중요하다. 아이들을 사랑하고 훌륭한 교육철학을 가진 원장이 다중지능 프로그램을 도입해 아이들의 적성과 여러 지능도 개발하고, 놀이를 하면서 영어 공부를 하는 몰입식 교육을 실시한다면 아주 이상적일 것이다.

또 하나, 우리가 아이에게 영어 공부를 시키는 것은 결과적으로 더 훌륭한 사람을 만들기 위해서이다. 영어학원, 그중에서도 유아기에 다니는 영어 유치원은 영어를 배우는 것은 물론 아이의 정서 발달과 지능

개발도 함께 이룰 수 있어야 한다. 그런 면에서 유치원부터 지나치게 스파르타식으로 가르치는 곳은 피해야 한다.

그런데도 왠지 아이가 놀기만 하다 오는 것 같아 불안하다면 이것을 꼭 기억하자. 영어 공부는 꾸준히 쉬지 않고 지속적으로, 날마다 재미있게 시켜야 한다는 것이다. 아이는 어릴 때일수록 놀아야 더 많이 흡수한다. 그리고 이처럼 생활 속의 체험을 통해 영어를 배우면 영어만 습득하는 것이 아니라 아이의 성장 단계에서 필요한 여러 소양들을 동시에 배울 수 있으므로 일석이조라고 할 수 있다.

집에서는 엄마가 선생님이다

영어 유치원을 꼭 보내야만 아이가 영어를 잘할 수 있을까? 결론부터 말하자면, 절대 그렇지 않다. 영어 유치원이라고는 하지만 사실상 대부분의 영어 유치원에서 가르치는 커리큘럼은 엄마가 일상적으로 아이를 돌보는 수준에서 크게 벗어나지 않는다. 이를테면 엄마가 한국어 읽어주듯이 아주 쉬운 영어책들을 사서 읽어주고, 오감을 자극할 수 있는 비디오테이프를 보여주며 함께 놀아주기만 해도 영어 유치원에 다니는 것 못지않은 결과를 얻을 수 있다는 뜻이다.

실제로 내 조카는 미국에서 오랫동안 사랑받아온 한 ABC비디오로 영어를 익혔다. 그 비디오는 무려 30년 동안이나 유치원 아이들의 교재로 사용되어온 검증된 알파벳 비디오테이프로, 화면 가득 꼬물꼬물 귀여운 동물들이 끊임없이 이쪽저쪽으로 움직이면서 아이의 시각과 호기심을 자극한다. 어른들이 보기에는 유치하다 싶은 동물 그림으로 저게 무슨 공부가 될까 싶은데도 아이들 눈에는 그저 신기하고 재미있기 그지없나 보다. 그 비디오테이프에는 영어 듣기가 함께 들어 있는데, 내 조카는 그것을 엄마와 함께 들으면서 재미를 붙이더니 결국 테이프가 끊어질 때까지 100번도 넘게 보면서 알파벳을 익혔다.

많은 엄마들이 대체 아이의 영어를 어떻게 가르쳐야 할지 난감해한다. 하지만 방법은 의외로 간단하다. 국어를 배울 때와 마찬가지로 그저 아이 곁에서 매일 영어책을 읽어주면 된다. 또 플래시 카드(Flash Card)나 비디오테이프 등 좋은 도구 몇 가지만 있어도, 아이와 놀이를 하면서 아이가 얼마든지 재미있게 영어를 배우게 할 수 있다.

특히 이 무렵 아이들은 스펀지처럼 흡수가 빨라서 듣는 대로 보는 대로 따라 한다. 이 나이 때는 흡수되는 정보를 거르고 선택하는 두뇌 능력이 부족해서 입력되는 대로 거의 다 흡수된다. 그러므로 유치원이나 초등 시절에 수많은 단어와 재미있는 스토리를 긴 시간을 두고 놀이를 하듯 서서히 익히게 하면, 아이들은 이 내용들을 앵무새처럼 따라 하면서 소리로 받아들여 두뇌의 기억장치 어딘가에 저장한다.

이 시기에 중요한 것은 영어 유치원을 보내는 것이 아니라, 어떻게 영어를 가르치느냐 하는 영어학습법이다. 특히 이 무렵 아이들은 집중하는 시간이 짧으므로 매일매일 틈틈이 영어를 하며 함께 놀아주면 영어 실력 향상에도 좋지만, 아이의 정서와 지능 개발에 결정적인 영향을 미친다. "영어는 공부야"라는 딱딱한 자세를 버릴 수 있게 게임식으로 하는 것도 한 방법이다. 무엇보다 지루하지 않고 즐겁게 대할 수 있도록,

간식을 만들어준다거나 산책을 나간다거나 하는 등 아이가 좋아하는 충분한 보상을 해주는 것도 좋다.

따라서 영어 유치원에 다니면 어려서 영어에 노출이 되는 것이 유리하지만 영어 유치원을 안 다녔다고 해도 크게 걱정할 것은 없다. 초등 1학년 때부터 6학년까지 온라인과 오프라인으로 지치지 않고 하루에 1~3시간씩 주 5회 영어 몰입 교육을 4년 이상 실시하면, 영어 유치원 다닌 아이들 이상으로 빨리 영어 실력을 쌓을 수 있다.

Key Point
이것을 꼭 기억하세요!

1. 영어 유치원을 굳이 다니지 않아도 초등 1학년부터 제대로 몰입 교육과 적성 교육을 실시한다면 영어 교육에는 전혀 문제가 없다. 영어 유치원 대신 집에서 엄마가 직접 영어를 가르친다면 교재는 지나치게 상업적이지 않은 것이 좋다. 외국에서 오랫동안 꾸준히 사랑받아온 검증된 것을 사용하거나 아이의 눈높이에 맞춰서 아이가 즐거워하는 것을 고르도록 하자.

2. 영어 유치원의 커리큘럼은 어느 정도는 놀이 위주 형태를 고르는 게 좋다. 지나치게 스파르타식인 커리큘럼은 아이가 오히려 영어를 싫어하게 만들 수 있다. 따라서 영어 유치원을 고르려면 아이를 너무 힘들게 하지 않는 곳을 선택하도록 하자.

3. 영어 유치원을 보내겠다면 영어 커리큘럼과 더불어 반드시 인성 교육 등의 정서적 측면을 고려해라. 영어 유치원에 오래 다닌 아이들은 놀면서 공부하는 데 익숙해져 초등학교에 들어가 체계적인 학습법을 받아들이려 하지 않거나 버릇없다는 평판을 들을 수 있다는 것도 알아두자.

03

무조건 2400시간 이상 노출시켜라

요즘 초등학생 자녀를 둔 가정들은 집집마다 어학연수 때문에 고민이 많다. 영어는 중요한데 아이 혼자 머나먼 타국 땅으로 어학연수를 보내자니 선뜻 내키지 않고, 그렇다고 아이를 따라 가자니 혼자 남을 아빠가 걱정이 된다. 게다가 비용 문제도 마음에 걸린다. 더욱이 엄마가 직장을 다니는 경우에는 직장을 그만두고 아이를 따라갈 수도 없지 않은가.

이런저런 생각을 하는 동안 아이는 한 학년, 한 학년 올라가고, 엄마가 딱히 이렇다 할 대책을 내놓지 못하면 오히려 아이가 어학연수를 보내달라고 조르는 경우도 있다. 아들만 셋을 둔 어느 엄마가 있는데, 그 엄마는 아이들을 품 안에서 떼어놓지 못하는 성격이다. 그러다 보니 아이를 혼자서 해외로 보내는 것은 엄두도 못 냈다. 그런데 어느 날, 초등학교 3학년인 첫째 아이가 자기는 혼자서도 잘할 수 있으니 4학년 때 어학연수를 보내달라고 조르기 시작했다. 아이가 원하니 엄마도 마지못해 홈스테이 등을 알아보고 있지만, 이러지도 못하고 저러지도 못하는 마음은 여전하다.

그렇다면 꼭 해외에 가야만 영어를 잘할 수 있을까? 아이를 떼놓지 않고 한국에서도 영어를 잘하게 할 수 있는 방법은 없을까? 만일 그런 방법이 있다면 우리 엄마들은 모두 '꿈의 영어학습법'이 있구나 하고 놀랄 것이다. 하지만 분명 방법은 존재한다. 지금부터 그 가장 빠른 지름길인 외국어 습득의 절대 시간이라는 2400시간의 법칙을 소개하도록 하겠다.

| 왜 2400시간일까 |

모든 외국어가 마찬가지겠지만, 영어를 익히는 데도 어느 정도 절대적인 시간이 필요하다. 아무리 언어지능이 뛰어나고 머리가 좋아도, 영어 같은 외국어는 짧은 시간에 집중적으로 노력한다고 실력이 확 느는 과목이 아니다. 장기간 꾸준히 공부를 해야 그 효과가 드러난다. 단기간의 해외여행이나 어학연수가 영어 실력에 큰 도움이 되지 않는다는 것만 봐도 잘 알 수 있다.

스페인의 언어학자인 리스킨 가스파로 교수는 오랜 연구 끝에, 외국어 습득을 위해서는 약 2400시간 이상의 노출이 필요하다는 결론을 내렸다. 이 연구에 따르면, 날마다 영어에 6~7시간씩 1년 동안 노출되면 영어 습득이 가능하다는 계산이 나온다. 즉 1년 정도 미국이나 캐나다 같은 영어권 나라에 어학연수를 다녀오는 등 영어 환경에 노출되어야 영어 습득도 가능하다는 뜻이다.

그러나 여기서 우리가 주목할 점은, 모든 아이들에게 동일하게 2400시간 노출의 법칙이 적용된다는 사실이다. 그러므로 굳이 어학연수를 가지 않고 한국에서 영어 공부를 해도 영어 습득 노출에는 동일한 기회를 가질 수 있다. 예를 들어 한국에 거주하더라도 날마다 3시간씩 약 3년간 외국어 습득에 필요한 2400시간 이상 영어에 노출되면, 1년 정도 외국에서 어학연수를 하고 돌아온 학생들과 똑같은 2400시간을 공부하게 됨으로써 비슷한 영어 실력을 키울 수 있다.

과연 2400시간만 공부하면 영어 실력이 저절로 올라갈까

물론 2400시간의 법칙은 통계적이고 검증된 절대 시간이지만, 모두가 같은 시간을 보냈다고 해서 결과도 모두 같은 것은 아니다. 다른 공부와 마찬가지로 영어나 기타 외국어 습득에도 효율이 떨어지는 학습 방법과 환경이 있는가 하면, 보다 효과적인 학습 방법과 환경이 있게 마련이다. 실제로 내가 만난 아이들 중에도 아무리 열심히 공부해도 영어가 늘지 않는다고 실망하는 아이들도 있었다. 나는 그런 아이들에게는 더 열심히 공부하라고 요구하기 전에, 적합한 환경과 학습 방향, 그리고 커리큘럼을 제대로 갖춰주는 것이 우선이라고 본다.

예를 들어 초등 시절은 영어를 제2언어, ELS로 배울 수 있는 절호의 기회이다. 즉 같은 2400시간을 보내더라도 ELS적인 접근을 위해, 미국 초등 1학년에서 6학년 과정을 ESL화한 아주 체계적인 커리큘럼과 콘텐츠를 사용한다면 훨씬 더 나은 영어 습득 환경을 만들 수 있다. 이는 텔레비전에서 나오는 영어를 단순히 따라 하거나, 알아듣는 단어가 하나도 없는 문장들을 무조건 듣기만 한다거나, 무식하게 많은 분량의 단어를 빨리 외우게 하는 등으로 2400시간을 보내지 말아야 한다는 뜻이다.

노출 시간의 효과를 극대화시키려면 아이가 공부한 다음 지속적인 강화(reinforcement) 단계를 거치면 좋다. 예를 들어 2시간 공부할 경우 50분씩 두 번으로 나누어서 공부하고, 50분 수업 후 10분 정도를 할애하여 아이가 그날 한 영어 공부 내용에 대해 엄마가 간단한 질문을 하는 방식으로 강화시키는 것이다. 아니면 아이가 그날 공부한 내용이나 온라인 교육 사이트나 학교에서 배운 내용을 가지고, 일주일에 2~3회 가량 쪽지시험을 치르는 것도 효과적인 방법이다.

이런 학습과정은 최소한 4~5년 이상 지속되어야 하므로 학생과 부모의 끈기가 절대적으로 필요하다. 따라서 어학연수로 고민하면서 걱정에 휩싸이기 전에, 지금 이 순간 엄마가 보다 나은 영어 환경을 아이에게 만들어주어라. 그리고 '최소 하루 2시간씩 4년 혹은 하루 3시간씩 3년'이라는 규칙만 꾸준히 준수한다면, 국내에서도 2400시간의 법칙은 얼마든지 마법의 효과를 발휘할 수 있다고 리스킨 박사는 말하고 있다.

그리고 내가 가장 많이 듣는 잘못된 선전 중에 하나가 한국인이나 일본인은 뇌구조가 달라서 선천적으로 영어에 약하다는 이야기다. 특히 일본은 '영어 못하는 나라'로 낙인찍혀 있는데, 그것은 일본인 또는 동양인은 뇌 구조 자체가 영어 능력이 부족하게 태어났다는 것으로 황당하기 그지없는 주장이다.

동양인들은 영어 못하는 두뇌로 타고난 것이 아니라 후천적인 학습 방법이 잘못되었기 때문에 영어를 못하는 경우가 많다. 동양인의 두뇌 구조가 영어 습득에 그렇게 불리하다면 왜 미국에서 학교를 다닌 모든 동양인들은 그렇게 다 영어를 잘하는가? 미국에서 어린 시절부터 공부했던 일본인과 한국인들은 모두 영어를 유창하게 구사한다. 그러니 아이의 영어 능력이 부족하다면 그 원인을 생물학적 또는 뇌의 구조적인 탓으로 돌리지 말고, 제대로 된 학습법과 노력으로 영어 실력을 바르게 향상시킬 수 있는 방법을 찾아야 한다.

한국이나 동양인들이 영어를 잘 못하는 것은 여러 환경적 문제에서 노출 시간이 부족하고 학습법이 잘못된 것일 뿐이다. 2400시간이라는 절대시간을 기억하고 영어 노출 환경을 최대한 만들어나간다면, 누구라도 전 세계 어디에서라도 영어를 배울 수 있다. 물론 개인의 MI 중에서 언어지능이 유난히 낮게 타고났다면 영어를 배우는 데 좀 더 많은 어려움이 있을 것이다.

하지만 한국 국민 전체 혹은 일본 국민 전체의 언어지능이 낮을 리는 없으니, 영어학습에서 한국인이나 일본인의 뇌 구조가 어떠니 하는 말은 전혀 근거가 없는 주장이다. 결론적으로 영어를 못하는 이유는 타고난 것이 아니라 영어학습법과 영어 노출 시간을 포함한 영어학습 환경,

그리고 본인의 MI 분포 패턴 때문이다.

그러니 이 세 가지 요소에서 가장 효율적인 방법을 찾아 아이의 영어 실력을 최대로 끌어올리도록 하자.

Key Point
이것을 꼭 기억하세요!

1. 언어학자들에 따르면 영어를 비롯한 외국어의 습득에는 2400시간의 절대시간이 필요하다. 이는 '최소 하루 2시간씩 4년, 하루 3시간씩 3년 혹은 하루 4시간씩 2년' 이라는 규칙을 지키면 이룰 수 있는 시간이다.

2. 초등 시절은 영어를 제2언어, 즉 ESL로 배울 수 있는 절호의 기회이므로, 이 시기에 투자한 2400시간은 다른 시기의 2400시간보다 질이 월등히 높다고 볼 수 있다.

04

영어 몰입 교육을 극대화시키려면 강한 동기부여를 해주어라

요즘 들어 상담을 해주는 컨설턴트 직종이 크게 인기를 얻고 있다. 유명한 컨설턴트들의 경우는 몇 달 전에 상담 예약을 해야 만날 수 있을 정도다. 그런데 재무 상담, 인생 상담, 공부 상담 등 상담을 받아보면 종류를 막론하고 모든 컨설팅에는 공통점이 있다. 바로 목표와 계획, 더 나아가 그것을 왜 하려고 하는지 분명히 알고 최선을 다하는 동기부여(motivation)를 굉장히 중시한다는 것이다.

공부에서든 직업에서든 우리의 삶 전반에서도 열정과 강력한 동기는 날마다 해야 할 공부 분량을 마치게 해주는 훌륭한 연료일 뿐만 아니라 장기적인 지구력을 기르는 든든한 지지대가 되어준다. 또한 공부와 인

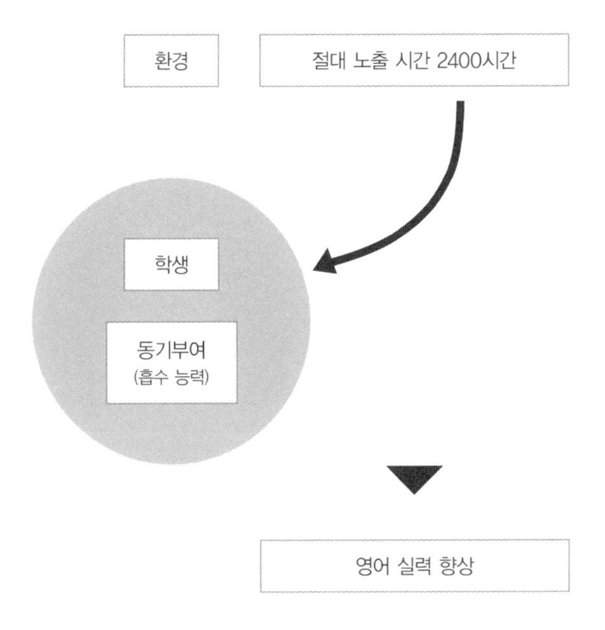

생에 방향을 잡아주는 돛의 역할을 한다.

스폴스키와 가드너 같은 학자들도 영어에 노출되는 시간의 효과를 극대화시키기 위해서는 또 하나의 조건, 강력한 동기, 즉 학습에 대한 의지가 필요하다고 말한다. 그 외에도 수많은 심리학자, 언어학자, 교육학자들도 영어 공부에서 아이의 동기부여가 가장 중요하다는 결론을 내리고 있다.

이것은 어학연수 대신 국내에 머무는 쪽을 택한 아이들의 영어 실력을 급속히 향상시키려면, 2400시간 영어에 노출시키는 것만으로는 충분치 않다는 것을 말해준다. 즉 강력한 동기부여를 통해 아이가 좋아하는 간식을 먹는 기분으로, 날마다 규칙적으로 즐겁게 영어 공부에 몰두할 수 있도록 해주어야 한다. 영어 공부가 끝난 후에 맛있는 간식을 주는 것도 아이에게 동기부여를 시키는 방법이 될 수 있다. 동기부여는 영어 노출 시간을 극대화시키는 몰입 교육을 훨씬 효과적으로 만들 수 있는 필요 요소이므로, 부모나 선생님들은 아이에게 영어 공부에 대한 동기부여를 해주는 것이 아주 중요하다.

| 어린 시절의 동기부여가 영어 인생을 결정한다 |

초등학생 시절에 날마다 2시간씩 영어에 노출되는 교육을 6년간 받으면 중학교 이후 영어 시험은 물론, 성인이 되어서도 영어에 큰 두각을 나타낼 수 있다. 그리고 어린 시절부터 강한 동기를 가지고 영어를 대하는 학생들은 나중에 영어 실력이 느는 속도가 굉장하다.

내가 운영했던 영어교육센터에 리나라는 아이가 있었다. 리나는 내가 제시한 영어학습 커리큘럼을 충실히 따라 해서 성공한 대표적인 사례다. 리나는 초등 1학년 때 할머니의 손을 잡고서 우리 센터를 찾아왔다. 처음에는 잘 드러나지 않았지만 리나의 학습성취도는 기대 이상으로 높았다. 내가 개발한 커리큘럼을 정해진 기간 전에 다 마치는 바람에 두 번이나 월반을 시켜야 할 정도였다.

리나가 이처럼 남들보다 빨리 커리큘럼을 소화할 수 있었던 것은 바로 강한 동기부여 때문이었다. 리나는 아주 개인주의적인 성향을 가졌고 승부욕이 강한 학생으로, 영어를 남들보다 빨리 굉장히 잘하고 싶다는 강한 동기를 갖고 있었다. 리나의 장래 희망은 의사였는데, 언젠가 캐나다나 미국에 놀러 가서 방학을 보내고 싶다고도 했다.

리나의 영어 실력이 기본적인 수준에 오르자 그때부터는 쪽지시험을 자주 보면서 복습을 시켰다. 그리고 방대한 스토리북 읽기 수업을 하고부터는 단어와 읽기 실력이 눈에 띄게 향상되었고, 생활회화 수업과 스피치 발표 연습으로 말하기 능력도 크게 개발되었다. 그러면서 문법 수업을 3년 넘게 일주일에 두 번씩 하면서 매주 문법 시험을 한 번씩 치렀다. 고급반이 되어서는 상당히 긴 영어책을 읽게 하면서 단락(paragraph) 쓰기 연습을 기본으로 한 에세이(essay) 쓰기 연습을 시작했다. 그러다 보니 나중에는 많은 사람들이 리나를 '외국에서 살다 온 학생'이라고 생각할 정도로 발음이 좋아졌을 뿐 아니라, 단어/읽기/말하기/문법과 쓰기 등 영어의 4개 영역이 골고루 발달하게 되었다.

리나가 이처럼 놀라우리만치 실력을 향상시킬 수 있었던 데는 노출의 절대시간과 커리큘럼의 도움이 컸지만, 커리큘럼과 수업의 효과를 극대화하는 리나 스스로의 강한 동기도 큰 작용을 했다. 리나는 늘 숙제를 빠짐없이 해오고 시험을 보면 100점을 맞아야 하는 완벽주의적인 기질을 갖고 있었고, 점점 어려워지는 커리큘럼을 울면서도 악착같이 따라왔다. 또한 자기 앞에 주어진 것은 완벽하게 해내야만 직성이 풀리는 아이다 보니 집에서 힘들어서 자주 울기도 했다고 한다.

내가 개발한 한국식 영어 몰입 교육 프로그램을 5년 동안 악착같이 꾸준히 따라왔던 리나는 어학연수를 한 학생들보다도 더 영어를 잘할 수 있게 되었다. 이처럼 강한 동기를 가진 리나가 체계적인 커리큘럼을 마치고 중학생이 된다면 영어 실력이 더욱 빠르게 향상되리라는 것은 불을 보듯 뻔하다.

동기부여의 절반은 엄마의 몫이다

리나처럼 강한 승부욕을 타고나는 아이들도 있지만, 사실상 모든 아이들이 그렇다고는 말할 수 없다. 성격이 본래부터 강하게 타고난 아이들이 있는가 하면, 느긋하고 더디지만 성실한 아이들도 있다.

또한 이 무렵의 아이들은 욕구에 충실한 만큼 자기가 강하게 태어난 지능을 살릴 수 있는 분야를 좋아하고 그 나머지는 싫어하는 경향이 있다. 예를 들어 수리지능이 높은 아이는 글 쓰는 것보다는 수적인 것을 즐긴다. 감상적이고 달래는 듯한 말보다는 숫자로 풀어내거나 합리적인 설명을 원한다. 반대로 언어지능이 높은 아이는 숫자를 멀리하려 하고 재미있는 스토리 읽기와 글쓰기를 좋아한다.

엄마는 바로 이런 아이의 타고난 특성과 타고난 다중지능, 즉 강하거나 약한 지능에 대한 분포 패턴을 알아야 한다. 현실적으로 아이가 공부에 푹 빠지게 동기부여 해주는 절반의 몫은, 아이의 지능 패턴을 잘 파악해 아이한테 맞는 영어 공부법으로 인도하는 엄마한테 달려있다고 해도 과언이 아니다.

동기부여는 언뜻 생각해보면 어려운 것 같지만 사실 그 기본은 간단하다. 즉 전폭적인 지지와 칭찬과 관심, 그리고 보상으로 기본적인 동기부여를 할 수 있다. 영어를 가르치는 선생님들 사이에 '긍정적인 보상, 긍정적인 피드백의 힘을 과소평가하지 말라'는 영어 가르치기의 원칙이 있다. 아이가 숙제를 해왔거나 시험 성적이 좋았거나 학습 태도가 좋았다면, 일단 칭찬을 하고 스티커를 준다거나 맛있는 간식을 준다거나 놀게 해주어라. 이런 다양한 방법의 보상은 아이들의 동기부여를 더욱 강하게 만든다.

아이들은 단순해서 '영어 공부+영어 숙제+영어 시험 성적=맛있는 간식+칭찬+용돈+놀이'라는 공식이 마음속에 새겨지면 영어 공부를 더 즐겁게 한다. 언뜻 선생님이나 부모가 무심히 지나치기 쉬운 칭찬과 이런저런 보상들이 사실은 아이의 영어 공부에서 무엇보다 중요할 수 있다는 뜻이다.

아이들은 자신의 임무를 마치고 나면 엄마나 선생님이 건네주는 칭찬과 긍정적 피드백을 간절히 원한다. 한번은 우리 영어교육센터에서 단어 시험 성적이 80점 이상일 때마다 열 칸짜리 공책에 스티커를 2장 붙여주고, 책을 한 권 읽을 때마다 스티커 3장, 열 칸이 다 차면 간식을 사주고 작은 선물을 나눠준 적이 있었다. 과연 효과는 어땠을까? 아이들은 그 스티커를 공책에 가득 붙이기 위해 거의 전투적으로 단어 시험 공부를 하고, 열심히 책을 읽으면서 스티커를 받는 데 남다른 열정을 보였다. 처음에는 쭈뼛대던 아이들까지도 학습성취도가 월등히 높아지는 것을 경험했다. 작은 스티커 하나에도 목숨 거는 아이들이다. 아이들은 그렇게 단순하고 순진하다. 그래서 아무리 간단한 긍정적인 보상이라도 아이들의 동기를 유발시킬 수 있는 것이다.

엄마가 해줄 수 있는 동기부여를 굳이 먼 곳에서 찾을 필요는 없다. 지금 엄마가 보여줄 수 있는 관심과 기대가 아이를 더 성장시키는 기폭제가 된다. "넌 반드시 잘할 수 있어" "와, 실력이 많이 늘었네? 앞으로는 더 잘할 거야" 이러한 칭찬은 아이에게 아주 강력한 자기 암시효과를 준다. "정말 내가 영어를 잘할 수 있을까? 난 아무래도 안 될 것 같아……"라고 말하는 자신감 없는 아이일수록 엄마가 확신에 차서 말해 보라. "아니, 넌 반드시 잘할 수 있어. 한국 사람이 한국말 못하는 거 봤니? 영어도 외국어지만 어차피 언어이니 시간을 많이 들여서 지금처럼 날마다 공부하면 넌 반드시 영어를 아주 잘하게 될 거야." 이렇게 단호하고 확신에 차서 아이에게 칭찬을 해주고 자신감을 불어넣어주면, 아이는 반신반의하면서도 부모나 선생님의 말을 믿게 된다. 이는 어른들이 힘든 상황이 생기면 유명한 점쟁이나 전문가를 찾아가서, "당신은 앞으로 잘될 테니 전혀 걱정할 필요가 없습니다"라는 말을 듣는 것과 비슷한 효과를 가진다.

로젠탈 효과라는 유명한 기대 이론이 있다. 선생님이 학생에 대해 갖는 기대(expectation)는 아직 자기확신이 부족한 어린 학생들에게 일종의 최면 효과를 불어넣어 그 기대를 믿게 되고, 결국은 그 기대대로 실력이 향상된다는 내용이다. 그러니 아이에게 잘할 수 있다는 확신을 불어넣어줘라. 그러면 아이는 그것을 믿고 열심히 하면서 정말 잘할 수 있게 된다.

로젠탈 이론과 자기 충족적 예언 효과

로젠탈 이론

1968년 하버드 대학교 사회심리학과 교수인 로버트 로젠탈(Robert Rosenthal)과 미국에서 20년 이상 초등학교 교장을 지낸 레노어 제이콥슨(Lenore

Jacobson)은 교육학 관련 학자들뿐만 아니라 일반 사람들의 비상한 관심을 불러일으키는 연구 결과를 발표했다.
미국 샌프란시스코의 한 초등학교에서 전교생을 대상으로 지능검사를 한 후 한 반에서 20% 가량의 학생을 뽑아, 그 학생들의 명단을 교사에게 주면서 '지적능력이나 학업성취도가 높은 학생들' 이라고 믿게 했다.
그리고 8개월 후 이전과 같은 지능검사를 다시 실시했는데, 그 결과 명단에 속한 학생들은 다른 학생들보다 평균 점수가 높게 나왔다. 뿐만 아니라 학교 성적도 크게 향상되었다. 명단에 오른 학생들에 대한 교사의 기대와 격려가 중요한 요인이었다. 하지만 중요한 사실은 이 명단의 학생들이 실제로 지능이 높은 학생들이 아니라 무작위로 선정된 학생들이라는 점이다.
따라서 이 실험 결과는 교사가 학생에게 거는 기대가 실제로 학생의 성적 향상에 효과를 미친다는 것을 입증했다. 어떤 학생에게 '저 아이는 장차 성적이 크게 오를 것' 이라는 기대를 하면, 그런 기대를 받은 학생은 실제로 성적이 올라간다는 것이다.
로젠탈과 제이콥슨의 연구는 이른바 '자기 충족적 예언(Selffulfilling Prophecy)' 이론을 교육 현장에서 검증한 것으로, 지금까지 가장 효과 있고 영향력 큰 교육학 이론으로 꼽히고 있다.

효과

학생들이 교사의 기대치를 내면화하게 되고 그 기대 가치가 교사와의 커뮤니케이션을 통해 지속적으로 강화되면, 학생들의 자기 이미지가 상승되면서 성적도 향상된다.

우리 어른들에게도 확신에 찬 다른 사람의 말 한마디가 큰 힘이 되는데 하물며 아이들에게는 훨씬 더 큰 효과를 낼 수밖에 없다. 가장 존중하고 사랑받고 싶은 존재인 엄마나 아빠 혹은 선생님이나 다른 어른들의 확신에 찬 칭찬과 격려는 아이를 안심시키고 재능을 끌어내는 가장 큰 힘이 될 수 있다. 따라서 아이에게 영어 공부를 시킬 때는 엄마의 칭찬과 기대가 그 무엇보다 소중한 동기부여의 원인이 된다는 점을 꼭 기억하고, 다양한 방법으로 자신감을 불어넣어주면서 동기부여를 해주는 방법을 시도해볼 필요가 있다.

Key Point
이것을 꼭 기억하세요!

1. 강력한 동기, 학습에 대한 의지는 언어 공부의 효과를 크게 끌어올리는 기폭제 중에 하나다. 아이가 순간순간을 즐겁게, 집중적으로 받아들이도록 힘과 용기를 불어 넣어주어야 한다.

2. 아이는 자신에게 중요한 사람한테 인정받고 싶어 한다. 선생님과 엄마의 칭찬과 관심, 끊임없는 기대는 그 무엇보다도 소중한 동기부여가 된다. 그러니 아이에게 칭찬과 잠재력에 대한 자신감을 무한정 주어라. 단, "열심히 노력해야만 된다"는 말을 반드시 덧붙여야 한다.

3. 아이를 영어 공부에 푹 빠지게 동기부여하기 위해서는 엄마가 먼저 영어 교육의 중요성을 알고 내 아이의 특징과 강한 지능을 파악해 아이를 끌어주어야 한다.

D K F L S K A P W

05

E C K J K M C Z Q

P W E O R I X F J

날마다 주 7회 영어학습을 습관화하라

E K W K D F L

D J F L S P Q

마라톤 장면을 떠올려보자. 마라톤 선수들은 유난히 풍부한 폐활량과 뛰어난 심폐 기능을 자랑한다. 그들의 이러한 능력은 그저 타고난 것일까? 마라톤 선수들은 단거리 선수들에 비해 지구력이 뛰어나다. 그러나 한 가지 불변하는 진리는, 그 지구력도 바로 오랜 연습과 기초체력의 결과물이라는 점이다.

막판까지 일정한 속도로 달리다가 결정적인 순간에 스퍼트를 내는 마라톤 선수의 힘은 단거리 달리기와는 또 다른 장대함이 있다. 나는 영어 공부만큼은 단거리 선수들의 폭발적인 힘보다는 적절한 체력 분배와 기초체력을 쌓아올리기 위해 노력하는 장거리 선수들을 더 닮아야 한다고 생각한다.

모든 공부가 그렇겠지만 무엇보다 언어는 기초체력의 싸움이라는 점에서 장거리 마라톤이다. 절대 스테로이드 주사를 맞듯 단기 효과에 의지할 수 있는 게임이 아니다. 왕창 공부했다가 한참 쉬고 또 벼락치기로 공부했다가 쉬면 실력이 별로 늘지 않는 것이 영어 공부다. 따라서 영어를 가르치겠다고 결심했다면, 늦어도 아이가 초등 1학년이 되었을 때부터 본격적으로 시작해야 한다. 그리고 5~6년 정도 꾸준하게 쉬지 말고 좋은 커리큘럼과 좋은 선생님을 찾아서 날마다 지속적인 교육을 받게 해야 한다. 만일 그럴 형편이 아니라면 일정한 시간을 정해놓고 부모가 직접 날마다 가르치거나 온라인으로 학습을 시키되, 공부한 내용을 시험으로 확인하는 과정을 거쳐야 한다.

| 날마다 잊어버린다면, 날마다 배워야 한다 |

영어를 장기전으로 생각해 쉬지 말고 꾸준히 초등 6년간, 주 7회의 법칙을 지켜야 하는 중요한 이유가 하나 더 있다. 앞에서 아이들의 두뇌 구조가 유연하다고 이야기했는데, 이 유연함은 두 가지 속성이 있다. 가르치는 대로 흡수하는 반면 돌아서면 잊어버리기도 쉽다는 것이다. 따라서 한 번에 많이 시키고 며칠씩 쉬기보다 오랜 기간 동안 꾸준히 날마다 시키는 것이 필요하다. 만일 '에이, 오늘은 그냥 넘어가지'라고 게으름을 부린다면, 그날부터 아이는 빠른 속도로 배운 것들을 잊어버리게 될 것이다.

필자가 영어교육센터를 운영할 당시의 일이다. 2월 무렵 아이를 데리고 한 엄마가 찾아왔다. 그 아이는 이미 두 번이나 레벨 테스트를 받아보았지만, 결국 올해도 똑같은 레벨 테스트 결과가 나왔다며 그 엄마가 실망하는 눈치가 역력했다.

아이를 심층분석해본 결과, 원인은 다른 것이 아니었다. 가장 크게 눈에 띄는 점으로 아이가 영어를 주 2회밖에 배우고 있지 않았다. 초등 저학년이 일주일에 고작 2회 영어를 배우다 보니 배운 걸 잊어버릴 때쯤 다시 학원에 가고, 배운 걸 잊어버리지 않는 현상 유지 상태밖에 안 되었던 것이다.

이 아이의 사례는 매일매일 많은 정보를 흡수하고, 그만큼 정보를 빨리 잊어버리는 아이들에게 '날마다 학습'이 얼마나 중요한지 말해준다. 실제로 초등학교 1, 2, 3학년 학생들의 경우 주 2회 학습을 한다면 미미한 효과만 얻을 뿐이다. 기껏 머릿속에 집어넣은 정보를 며칠 후에는 잊어버리므로 다시 집어넣어야 한다.

| 어학연수 못잖은 주 7회 학습, 엄마 생각부터 바뀌어야 한다 |

최근 들어 방학마다 수많은 학생들이 비행기 표를 끊어 해외로 어학연수를 떠난다. 그래서 방학 초 무렵 공항에 가보면 휴가를 받은 직장인들뿐만 아니라 아직 꼬마인 초등학생들도 적잖이 보인다. 이처럼 어학연수가 일상적인 풍경이 된 요즘이지만, 그래도 여전히 경제적 문제, 집안 문제로 많은 엄마들이 해외 어학연수 대신 국내에 머물면서 아이들에게 영어학습 환경을 마련해주고 직접 가르치는 방법을 선택한다.

그러나 큰 결심을 하고 아이를 직접 가르치기로 했다면 일단 엄마들의 영어 교육 방식과 사고에 대해 의문을 던져봐야 한다. 한국에서 몰입식 영어 교육이 힘든 데는 몇 가지 이유가 있다. 그중에 가장 큰 이유는 바로 부모들이 아직도 주입식 영어를 선호한다는 점이다. 주입식 교육은 으레 주 2회에 한꺼번에 몰아서 배우는 형태로 이루어진다. 그러나 주 2회 수업으로는 절대 몰입 교육을 완전히 이뤄내기 힘들다. '몰입'이라는 말 그 자체가 날마다 몇 시간씩 원어민 영어에 노출되는 것을 의미한다. 따라서 주 2회 3시간씩 공부하는 것보다 최소 주 5회 1~2시간씩 공부하는 것이 훨씬 더 몰입에 가깝고 효과도 크다.

그런데 문제는 이렇게 몰아치는 방식으로 아이들의 머릿속에 지나치게 많은 양을 쑤셔 넣는다는 것이다. 그러다 보니 아이는 많은 양을 따라가지 못하거나 고통을 느끼면서 영어 공부를 하게 된다. 어떤 학생은 폭발 직전에 이르기도 하고 대부분의 아이들이 영어를 싫어하게 된다.

그런데 진짜 문제는 한국 부모들의 머릿속에 이렇게 아이를 괴롭혀야 공부가 제대로 된다는 생각이 은근히 깔려 있다는 점이다. 아이를 혹독하게 공부시키면서 아이가 고통을 받으면 엄마는 안쓰러워하면서도 내심 안심하는 경우가 많다. 영어의 경우, 특히 초등 영어는 고통=실력이 되지 않을 때가 많다. 아이가 커서 치열한 입시경쟁에 부딪히면 어쩔 수 없이 고통=실력이 될 수도 있을지 모르겠지만, 장기전으로 접근해야 하는 초등 영어의 경우는 아이들의 두뇌 구조를 보더라도 날마다 조금씩 재미있게 잦은 쪽지시험 위주로 접근하는 것이 훨씬 효과적이다.

미국의 경우를 보자. 미국에서는 각 공립 도서관에서 무료로 스토리 타임이라는 시스템을 운영한다. 그곳에서는 억지로 공부시킬 필요 없이 엄마가 아이를 학교에 데려가 원어민 선생님과 놀게 해준다. 그저 동화책을 읽고 이야기를 듣고 뒹구는 게 전부다. 그들은 이 시스템을 매일 반복하되, 절대로 지시형의 주입식 교육을 하지 않는다. 물론 한국에도 이런 시스템을 많이 반영해서 운영하는 학원들이 있다. 그저 재미있게 하루에 1시간씩 꾸준히 공부하고 놀고, 필요하다면 온라인으로 추가 학습을 1시간씩 할 뿐 무리하게 아이를 괴롭히지 않는다. 하지만 이때도 잦은 쪽지시험을 통해 학습 정도를 파악하고 체크하는 과정(monitoring process)은 필요하다. 이렇게 영어에 대한 기초체력이 잡힌 아이들은 나중에 초등 고학년이 되어서 강도 높은 영어학습으로 들어가도 훨씬 부담을 덜 느끼며 잘 따라갈 수 있다.

한국에서 몰입식 교육이 어려운 이유가 또 있다. 바로 '매일매일 조금씩'이라는 지속성을 무시한다는 점이다. 예를 들어 미국식 몰입 커리큘럼을 따르는 아이들은 잦은 쪽지시험에 익숙하다. 이 때문에 미국에 조기 유학을 간 학생들은 쪽지시험이 많은 것에 놀라곤 한다. 다시 말해 평소에 지속적으로 꾸준히 공부하는 것을 중시하는 것이 미국 교육이라면 한국은 아직도 중간고사, 학기말고사 때 벼락치기 공부를 더 중시하는 구조를 갖고 있다. 그런데 이 잦은 쪽지시험의 파워는 절대로 무시할 것이 못 된다.

최소한 언어 습득에서는 중간고사, 기말고사보다 주 2~3회 실시하는 쪽지시험이 쌓이면 훨씬 더 큰 실력 향상을 이룰 수 있다. 평소에 꾸준히 학습의 피드백 관리를 하는 것은 모든 공부, 특히 어학에서는 꼭 필요한 접근법이기 때문이다.

이처럼 주 7회 학습은 아이에게 강요하기 이전에, 영어학습에 대한 부모의 생각 전환이 요구된다. 즉 부모가 영어 교육에 대해 제대로 된 관점을 가지고 있는지 점검해보고, 보다 나은 학습 방법을 아이에게 선물하고자 하는 자세가 필요하다.

Key Point

이것을 꼭 기억하세요!

1. '매일매일'의 법칙이 중요한 이유는, 어린아이들은 스펀지와 같아서 매일같이 많은 정보를 흡수하고, 그만큼 정보를 빨리 잊어버리는 뇌 구조를 가지고 있기 때문이다. 따라서 한꺼번에 몰아서 배우는 주 2회식 주입 교육은 언어 습득에 큰 도움이 되지 않을 뿐더러 아이의 스트레스만 높이는 결과를 낳을 수 있다.

2. 영어는 마라톤과 같아서 꾸준히 초등 6년간, 주 7회라는 장기전 법칙을 적용할 때 승률이 가장 높아진다.

3. 잦은 피드백은 아이의 진도를 확인하고 꾸준한 학습 습관을 길러주는 힘이 된다. 주 2~3 회 실시하는 부담없는 잦은 쪽지시험 등이 좋은 피드백이 될 수 있다.

D K F L S K A P W

06

E C K J K M C Z Q

P W E O R I X F J

저학년, 중학년, 고학년마다 학습 방법이 달라야 한다

E K W K D F L

D J . F L S P Q

초등학생을 둔 집안은 옷과 신발 문제로 골머리를 썩일 때가 많다. 아이들은 하루가 다르게 쑥쑥 자라다 보니 불과 몇 달 전에 입던 옷과 신발이 작아져버리는 경우가 허다하다. 그렇다고 앞으로 더 자랄 걸 생각해 큰 옷을 사주면 헐렁해 보인다고 아이가 입기 싫어해서 실랑이가 벌어진다.

영어 공부도 다를 바 없다. 초등학생은 학년에 따라서 인지 능력이나 이해 능력도 쑥쑥 달라진다. 따라서 아이 각자의 능력에 따라 적절한 학습 방법을 마련해주지 않으면, 너무 작거나 큰 옷을 입히는 꼴이 된다. 인지 능력은 커졌는데 그보다 낮은 수준의 영어를 가르치거나, 아직 능력이 덜 자란 아이에게 버거운 공부를 시키는 것, 이 모두가 적절한 방법이 아니다.

예를 들어 이제 갓 알파벳을 외워 간단한 문장조차 버거워하는 초등학교 저학년 아이한테 부담될 정도의 수준 높은 스토리북을 계속 읽히거나 어려운 독해 시험을 너무 자주 보게 한다면 어떻겠는가? 아마 그 아이는 영어에 흥미를 붙이기 전에 '영어는 참 어렵고 부담스러운 과목이구나' 하는 인식을 가지게 될 것이다. 반대로 초등학교 고학년 아이한테 영어에 부담을 주지 않으려고 아주 기본적인 생활회화만 계속하거나 간단한 문형 위주의 학습만 한다면 어떨까? 이 또한 학습에 대한 긴장감이나 기대감이 떨어져서 학습효과가 나타나기 어려울 것이다.

따라서 물론 개인 차이는 조금씩 있겠지만, 아이의 학년에 맞춰 접근하는 것이 반드시 필요하다. 다음은 성공적인 영어학습을 위한 단계별 키워드로 정리한 지침들이다. 아이에게 영어 공부를 시키기 전에 꼭 숙지하도록 하자.

| 초등 1, 2학년 키워드 |

날마다 재미있게, 자연스럽게

초등 1, 2학년은 아직 인지 능력이 낮을 때이므로, 아무리 영어를 잘하는 아이라도 너무 어렵게 접근한다면 영어를 싫어하게 될 가능성이 높다. 초등 저학년은 영어를 재미있게 자연스럽게 익히도록 하되, 흡수 능력이 낮은 만큼 가능한 날마다 1시간 정도 공부를 시키는 것이 가장 효과적이다.

구체적으로 초등 1학년에서는 알파벳 숙지, 기본 단어 익히기, 파닉스 배우기, 간단한 단문 읽기 등을 배우는 것이 좋다. 그러다가 나중에는 간단한 단어 쓰기, 아주 기본적인 생활회화 듣고 이해하기 정도만 배워도 된다. 이렇게 한 1년가량 영어를 재미있게 배우게 하면서 매주 한두 번씩은 단어 쪽지시험을 보는 것이 좋다. 쪽지시험은 아이가 공부하는 책들 중에서 아이가 모르는 단어들을 적어서 엄마가 리스트를 만든 후 그 뜻과 스펠링을 써보게 하라. 이 시기에는 단어 스펠링보다는 뜻과 발음을 제대로 읽게 하는 것이 더 중요하다.

초등 2학년부터는 초등 3~4학년부터 배우게 될 본격적인 읽기 수업을 준비하는 스토리북 읽기와 실생활에서 쓸 수 있는 회화가 중요하다. 이렇게 읽기와 생활회화를 동시에 하면 영어의 문장 구조, 즉 주어와 서술어에 대한 감각이 발전한다. 또한 이 시기에는 영어의 기초가 되는 발음 공부인 파닉스를 아주 강화해야 한다. 이때 고정된 발음이 나중에도 계속 가기 때문이다. 이때부터는 스펠링도 강조하기 시작해야 한다.

또한 초등 2학년 중반부터는 기본적인 문법의 개념을 서서히 가르치되, 주어와 서술어 구분, Be동사와 일반동사, 비교법, 의문법, 현재와 과거 시제 정도만 익혀도 된다. 그것만 해도 생활회화나 스토리북을 이해하는 데는 충분하니 너무 고급 문법으로 아이를 괴롭히지 말아라. 아이한테 영어 공부를 시키다 보면 계속 욕심이 나게 마련인데 그래도 이것을 꼭 기억하도록 하자.

| 초등 3, 4학년 키워드 |

스토리북, 문법, 쓰기, 쪽지시험 등 체계적인 수업

이 단계는 영어의 중급 단계로 지난 2년간의 연습이 어느 정도 성과를 거두는 시기다. 파닉스가 어느 정도 마무리된 만큼 본격적인 스토리북 읽기가 가능해진다. 하지만 아직 저학년이므로 회화와 함께 30~40권의 스토리북을 읽으면서 단어 공부와 독해를 진행하자. 그런 다음 다시 스토리북 듣기를 하면서 듣기 실력도 함께 키워나가는 핵심적인 시기로 잡아야 한다.

이 단계의 문법은 시제에 맞춰진다. 《Essential Grammar in Use》와 같은 책 시리즈를 통해 시제를 익히고, 독후감 쓰기 등의 문장 쓰기 연습도 서서히 시작하는 단계이다. 또한 단어 시험, 독해 시험, 문법 시험 등 다양한 쪽지시험이 몸에 익고 생활화되는 시기로, 많은 아이들이 이 시기에 단어와 독해 실력이 엄청 늘게 된다.

| 초등 5, 6학년 키워드 |

지적인 자극을 받을 수 있는 긴 스토리북, 본격적인 문법과 단락 쓰기, 과학·역사·사회 등의 주제별 수업

영어를 주 5회 매일 2시간씩 4년 동안, 체계적인 커리큘럼에 따라 계속 공부한다면 그 성과는 아마 부모들이 상상하는 것 이상일 것이다. 이 과정을 거치면 거의 누구나 할 것 없이 영어 실력이 굉장히 높아지는 만큼, 초등 고학년부터는 인지 능력에 맞는 고급 영어 교육이 가능

하다. 단어와 스토리북 읽기, 회화, 듣기, 기본 문법과 쓰기 등의 영어 기초실력이 다져진 상태이므로 좀 더 긴 스토리북을 읽힐 수 있다.

더욱 체계적인 문법과 문장 쓰기 또한 가능하고, 내용도 초등 고학년의 인지능력에 맞는 수준 높고 논리적인 것으로 채택할 수 있다. 따라서 과학, 사회(social studies) 등의 여러 장으로 구성된 긴 스토리북이나 미국식 워크북들을 사용하면서, 아이들의 영어 실력을 키움과 동시에 자신의 적성과 관심 분야를 파악하는 지적 개발까지 이룰 수 있다.

커리큘럼도 저학년보다 훨씬 복잡하게 구성되니 신중하게 검토해야 한다. 어떤 아이들은 거의 귀국자 수준의 실력을 갖추고 있으므로, 커리큘럼이 상당히 지적인 수준의 내용이 아니면 흥미도가 떨어질 수 있다. 즉 단순히 영어 공부만 하는 것이 아니라 지적 호기심을 불러일으켜 공부에 대한 강한 동기를 마련해줄 수 있어야 한다.

Key Point

이것을 꼭 기억하세요!

1. 초등 1, 2학년은 영어를 재미있게 익히도록 하되, 흡수 능력이 낮은 만큼 날마다 1시간 정도 공부하는 것이 좋다.

2. 초등 3, 4학년 학습은 파닉스에 집중하되 본격적인 스토리북 읽기를 함께 해야 한다. 총 30~40권의 스토리북이면 적합하다.

3. 초등 5, 6학년은 좀 더 긴 스토리북을 읽히고 보다 체계적인 문법과 문장 쓰기, 그리고 논리적이고 수준 높은 내용의 커리큘럼이 필요하다.

07

J K F L S K A P  O

E C K K M V C Z Q

P E O R I X F K J

아이의 강한 지능과 약한 지능을 파악하라

E K W K D F L

D J F K S P Q

내가 아는 분 중에 오랫동안 회계사로 일하신 분이 있다. 회계사라고 하면 항상 합리적이고 계산도 잘하고, 여러모로 수학적 능력이 뛰어나다고 생각하게 마련이다. 그런데 무려 20년 가까이 그 일을 했던 이 분이 한번은 웃으며 이런 말을 했다.

"사실 나는 수학에는 별로 소질이 없었고, 항상 사진작가나 영화감독이 되고 싶었습니다. 회계사 공부하면서 남들보다 점수가 안 나와 고생 정말 많이 했지요."

그의 사진 실력은 아마추어 이상이었다. 그는 틈만 나면 혼자서 영화를 보러 다니거나, 가족들과 여행을 하면 사진을 찍어 집안 곳곳에 걸어두었다. 나중에는 사람들의 적극적인 권유로 작은 사진전까지 열었다. 회계사인 그에게 그런 재능이 숨겨져 있었다니 많은 사람들이 깜짝 놀랐다.

만일 그의 부모가 그의 뛰어난 공간지능을 미리 알아채고 사진이나 공간지능을 활용할 수 있는 다른 직업을 가질 수 있게 도와주었더라면 어땠을까? 그는 어쩌면 타고난 공간지능을 활용해서 사진작가나 유명한 감독이 되었을지도 모를 일이다. 그랬다면 자신의 일을 하면서 지금보다 더 행복을 느끼지 않았을까.

사진이나 글쓰기 등에 재능이 많은 그였지만 결국 부모님의 권고로 회계사라는 직업을 택하게 되었다. 자신이 비교적 약하게 타고난 지능을 활용하는 회계사라는 직업을 가지다 보니 남들보다 훨씬 더 많은 노력을 해야 했다. 그는 대학 때 회계사 공부를 하면서나 회계사가 되어 일을 하면서 힘이 들 때면, 자신이 좋아하는 사진집을 사서 스스로에게 선물하며 자신을 북돋웠다고 한다.

이러한 노력으로 결국에는 회계사라는 직업에 필요한 지능을 개발할 수 있었지만, 자신의 강한 지능이었던 공간지능과 언어지능을 활용할 수 있는 문화 분야에 늘 향수를 느껴왔다고 한다. 요즘 그는 은퇴하면 꼭 자신이 좋아하는 일을 하리라 마음먹고, 남들보다 두 배는 더 일하면서 은퇴할 날을 손꼽아 기다리고 있다.

이처럼 인간은 자신의 강한 지능을 활용할 수 있는 분야에 자신도 모르게 끌리는 경향이 있다. 그러므로 자신의 강한 지능과 약한 지능을 알면 학습효과도 훨씬 높일 수 있을 것이다.

아이의 강점 차별화와 약점 보완을 통한 MI(다중지능) 학습법

MI(다중지능)란 하버드 대학의 교육학과 교수인 가드너 박사가 주창한 지능개발에 관한 이론이다. 인간의 지능은 IQ 테스트처럼 객관적인 하나의 수치가 아닌 여러 가지로 이루어지고 이 모두가 개발 여하에 따라 달라진다는 것이다.

MI이론에서 주축이 되는 지능은 논리수리지능, 언어지능, 대인관계지능, 공간지능, 음악지능, 신체지능, 자연탐구지능, 자기이해지능 등 8가지이다. 여기서 필자는 지능의 정의를 '먹고사는 핵심능력'으로 재정의하고, 직업 선택에서 점차 늘어나는 서비스 산업의 필요성을 고려해 봉사지능과 감각지능을 추가해 10가지 MI를 주장하게 되었다. 아이의 MI가 어떤지를 알면 아이에게 적합한 영어학습법을 알 수 있다. 여기에 대해서는 PART 3에서 자세히 말씀드리도록 하겠다.

그리고 영어는 이 여러 가지 지능 중에서 당연히 언어지능과 연관된 것이다. 아이마다 영어를 배우는 속도와 패턴이 다른 것은, 가정환경이나 타고난 승부욕 혹은 지적 능력의 차이도 있겠지만, 그 가장 큰 이유는 타고난 언어지능이 달라서이다. 예를 들어 언어지능을 높게 타고난 사람은 국어뿐 아니라 영어도 남들보다 빨리 배우고 잘할 수 있다. 국어는 잘하는데 영어가 잘 안 된다면 그것은 제대로 못 배웠기 때문이다. 그런 사람들은 제대로 된 방법으로 노력하면 남들보다 영어를 빨리 배우고 더 잘할 수 있는 잠재력이 크다.

물론 언어지능이 부족하다고 해서 절대 영어를 잘할 수 없다는 뜻은 아니다. MI 영어학습법은 차별화와 보완을 통해서, 언어지능이 부족한 아이에게도 강력한 대안을 제시한다. 아이의 특수한 지능에 맞는 적절한 학습 방향과 커리큘럼만 있으면 충분히 부족한 부분을 메워, 영어 공부에 필요한 지능을 개발하고 성장을 기대할 수 있다. 따라서 아이가 어느 쪽에 강점을 타고났는지, 보완해야 할 부분은 무엇인지, 아이의 MI를 일찍 파악하면 영어 공부에서 굉장히 유리한 고지를 차지할 수 있다.

Key Point
이것을 꼭 기억하세요!

1. 아이마다 영어를 배우는 속도와 패턴이 다른 것은 가정환경이나 타고난 승부욕 혹은 지적 능력의 차이도 있겠지만 타고난 언어지능이 다르기 때문이다.

2. 언어지능이 낮다고 해서 영어를 못하는 것은 아니다. MI이론에 따르면 인간의 지능은 IQ 테스트처럼 객관적인 하나의 수치가 아닌 여러 가지로 이루어지고 이 모두가 계발 여하에 따라 달라지기 때문이다.

3. MI는 총 10가지로 분류할 수 있으며 내 아이의 MI 패턴을 알면, 각각의 지능에 맞는 적절한 영어학습법과 커리큘럼을 통해 부족한 부분을 보완하고 더욱 효율적인 공부를 할 수 있다.

한국에서도 미국식 영어 연수가 가능하다

D K F L S K A P W **01**

E C K J K M C Z Q

P W E O R I X F J

커리큘럼과 학습 방식으로 승부하는 한국형 몰입식 영어학습법

E K W K D F L

D J F L S P Q

요즘 초등학생들이 학교를 마치고 돌아온 오후 시간, 아파트 단지를 보면 수많은 학원 차들이 줄지어 아이들을 태워가는 풍경을 볼 수 있다. 컴퓨터, 피아노, 태권도, 그외 과목들도 다양한데, 그중에서도 가장 많은 수를 차지하고 있는 것이 바로 영어학원 차량이다.

일상생활에서 영어를 사용하지 않는 한국이라는 환경에서 아이들이 그나마 영어에 최대한 노출될 수 있는 곳은 바로 학원이다. 때문에 많은 엄마들이 영어는 시켜야겠고 그렇다고 자신이 시키자니 막막할 때 쉽게 믿고 맡기는 곳이 학원이다. 특히 잘 알려진 유명 브랜드의 학원들은 매 시간마다 정원이 꽉꽉 들어찰 정도로 인기이고, 아이들도 학교 수업이 끝나고 영어학원에 가는 것을 당연하게 생각한다.

| 영어학원이 내 아이 영어를 보장해주지는 않는다 |

그러나 학원에만 보내면 아이의 영어 실력이 쑥쑥 늘 것이라고 생각하는 것은 오산이다. 물론 각 브랜드의 명성만큼이나 나름대로 좋은 커리큘럼을 갖춘 학원들이 점점 늘어나고 있지만, 대부분은 사교육이라 아이들의 기초체력 향상보다는 엄마들에게 보이기 위한 마케팅 위주의 운영으로 흐르고 있다. 그러다 보니 아이들도 즐겁게 공부하기는커녕 불필요한 고통을 감수하며 영어 공부를 하게 된다. 또한 브랜드 영어학원은 대개 상장된 기업에서 운영하므로, 지속적인 이윤 창출과 매출 확대에 목적을 두고 있기도 하다.

하지만 교육의 본질이란 아이들의 기초체력을 향상시키는 것이다. 이윤이 생기지 않아도 아이들의 기초체력을 올릴 수 있는 기본적인 것들은 실시해야 한다. 제대로 된 교육기업이라면 반드시 부모(고객)가 원하는 것을 바로 바로 제공하며 매출 극대화만 추구해서는 안 된다. 아이들의 특성과 실력을 제대로 파악해서 장기적으로 교육시키는 비영리회사여야 비로소 제대로 된 교육 서비스를 실시할 수 있을 것이다. 세계적인 교육 서비스 기업이 없는 것도 그런 이유에서다.

그러므로 이상적으로는 영어 교육도 미국이나 유럽처럼 공교육(사립학교 포함)이 핵심이 되고 사교육은 특정 아이들의 특수 니즈별로 제공되어야 한다. 하지만 공교육이 영어 교육을 리드하지 못하는 한국의 현실에서 부모들은 사교육을 통해서 아이의 영어 실력을 올리고 싶어 한다. 만일 그렇다고 해도 아이의 영어 실력 향상이라는 중요한 프로젝트를 영리 추구를 극대화하는 브랜드 학원에 무조건 맡겨놓기만 해서는 안 된다. 엄마들이 좀 더 적극적인 자세로 아이의 특성을 파악하고 제대로 된 영어 커리큘럼과 학습 방법을 익혀 아이에게 가장 적합한 방식으로 영어를 가르쳐야 한다. 즉 특정 영어학원 브랜드에 대한 맹신이나 현혹을 피하는 것이 제대로 된 학원 선택의 첫걸음이다.

아이를 학원에 보낼 때 가장 먼저 생각해야 할 것은 내 아이에게 가장 적합한, 내 아이의 영어 실력을 올리기 위한 교육 장소여야 한다는 점이다. 이것은 옷이나 다른 물품을 구매하듯 브랜드가 중심이 되어서는 안 되고, 엄마의 허영이나 목소리 큰 이웃 엄마가 나서서 결정하도록 놔두어서도 안 된다는 뜻이다. 그 목소리 큰 엄마의 아이가 내 아이는 아니므로 그 엄마의 아이에게 맞는 학원이 반드시 내 아이에게 잘 맞는다는 법은 없다.

따라서 우르르 다른 엄마들을 따라다니면서 결정할 경우 내 아이의 소중한 영어 실력이 망가질 수 있다는 점을 반드시 생각해야 한다. 똑똑한 엄마일수록 남들 따라 우르르 몰려다니면서 학원을 결정하지 않고, 자기 아이의 특징을 잘 파악해서 자기 아이에게 가장 잘 맞는 영어 학습법을 찾아준다.

한국의 유명 브랜드의 사설 영어학원들일지라도 대부분은 적잖은 문제점들을 안고 있는 게 현실이다. 이를테면 학생들의 기초체력에 걸맞은 학습법을 실시하기보다는, 그 학생의 실력보다 어려운 공부를 시켜 부모에게 겁을 주거나 안심하게 만드는 심리 마케팅을 하는 경우가 많다. 또한 지나치게 시험 성적 위주의 운영을 고수하는 경우도 많다. 그러다 보니 즐겁게 배워야 할 영어 공부를 소위 브랜드 학원에서 불필요한 고통을 느끼며 공부하게 된다. 이 사실을 명심하고 다음에 소개하는 한국형 몰입식 영어학습법을 꼭 실천해보도록 하자.

| 한국형 몰입식 영어학습법이란 |

몰입식 영어 교육이란 앞서 몰입의 의미에서 말했듯, 아이가 적절한 영어 환경 안에 푹 빠져 영어를 배워갈 수 있도록 하는 것이다. 즉 한국에 거주해도 미국에 간 것처럼 매일같이 영어로 듣고 말하고 읽고 쓸 수 있는 환경을 마련해주는 것을 말한다. 그 핵심은 노출 시간과 커리큘럼이다. 다시 말해, 체계적인 커리큘럼에 따라 날마다 영어 스토리 듣기, 영어 노래와 음악, 영어 단어 시험보기, 영어 회화 하기, 영어 쓰기 등을 공부하면서, 최대한 원어민 교사와 접촉하거나 영어의 소리와 영어 콘텐츠에 체계적으로 노출시킨다는 개념이다.

흔히 수영을 배우려는 사람에게는 수영 이론을 가르치기보다는 먼저 물속에 빠뜨려야 한다는 말이 있다. 마찬가지로 영어를 배우려면 영어의 바다(영어에 둘러싸인 교실 안팎의 환경) 속으로 푹 빠져드는 몰입의 과정을 거쳐야만 영어 습득의 효율도 높아지게 된다. 몰입식 교육은 바로 이 같은 환경을 만들어주고 아이들에게 영어의 바다에서 영어로 수영하는 법을 가르쳐주는 교육법이다. 또한 최대한 많이 듣고 말하게 하는 실용적인 교육 과정을 갖추고 있으므로 당연히 사교육을 따로 시킬 필요도 없다.

본래 이 몰입 교육은 단순히 제2외국어로서의 영어 공부가 아닌, 제2언어(L2 : the Second Language)로서 영어를 가르치는 이중언어교육(Bilingual Education)으로, 1960년대 캐나다에서 시작되었다. 당시 캐나다는 영어와 프랑스어를 공용어로 쓰고 있었고, 이런 다문화 국가에서 두 언어 사용자들이 서로의 문화와 전통을 이해할 수 있도록 영어와 프랑스어 몰입 교육(French/English Immersion Program)을 도입한 것이다. 그 후 현재까지도 캐나다에서는 유치원 때부터 교과 수업을 영어와 프랑스어로 동시에 가르치고 있고, 보통 초등학교 3~4학년이 되면 자연스레 두 언어를 모두 구사할 수 있게 된다.

이를테면 캐나다의 몰입식 영어 교육은 영어를 우리말로 가르치는 방식과는 달리, 영어는 영어로 가르치는 방식(English-only Program/Teaching English in English)이다. 영어 외의 수학, 과학, 사회 같은 일반 과목도 역시 영어로 가르친다. 프랑스어를 쓰는 환경에서 자란 아이들한테는 처음에는 힘들지만, 이렇게 매일 자연스럽게 영어에 노출되다 보면 의사소통 능력이 늘게 될 뿐 아니라 교과 지식까지 배우게 된다. 즉 이 몰입식 교육은 단순히 언어 실력만 키우는 것이 목적이 아니라 '내용 중심'의 공부까지 하는 방향으로 진행된다. 따라서 영어 자체를 공부의 '대상과 목적'이 아닌 '도구나 수단'으로 사용한다는 점에서, 영어를 일종의 '외국어'로 가르치는 우리나라의 교육 형태와는 본질적으로 다르다고 볼 수 있다.

또한 캐나다 이외의 싱가포르, 말레이시아 등의 아시아권 국가들과 미국까지도 몰입식 교육의 커리큘럼을 따르고 있다. 이 사실은 몰입식 교육의 효율성이 국제적으로 인정받고 있다는 점을 증명해준다. 이런 나라들 역시 캐나다와 마찬가지로 아이들이 자연스럽게 영어에 노출될 수 있는 최적의 교육 환경과 기회를 만들어주는 데 기본 목표를 두고 있다. 요즈음은 EU의 영향으로 영어가 한층 중요해진 프랑스에서도 일부 학교에서 영어 몰입 교육을 실시하기 시작했다. 앞으로는 국제사회에서의 활동 비중이 더욱 높아지고 중요해지므로, 더욱 많은 나라들에서 점차적으로 몰입식 영어 교육을 도입하기 시작할 것이다.

따라서 정부에서 지향하는 몰입 교육은 궁극적으로는 올바른 방향이고 한국의 영어 교육이 나아가야 할 방향이다. 단지 정부에서는 다음 세 가지 사항에 주목해야 할 것이다. 첫째, 초등·중등·고등에 이르는 방대한 몰입식 영어 교육 커리큘럼과 콘텐츠를 체계적으로 다시 만들어야 한다. 둘째, 그 방대한 내용을 재미있게 온라인으로 구현해야 한다. 셋째, 한국인 선생님의 학생 관리와 원어민 선생님 관리 시스템을 구축하는 몰입식 영어 교육에 대한 인프라를 갖추는 작업들을 추가해야 한다. 그렇게 되면 영어 교육에서도 사교육 시장에 대한 수요가 많이 줄어들 것이며, 아이들은 좀 더 자신의 특성에 맞는 영어 몰입 교육을 공교육을 통해 배울 수 있을 것이다. 몰입과 적성이라는 제대로 된 교육철학이 공교육을 통해 실현된다면 영어 사교육 비용이 줄어들 수 있고 아이의 영어 실력이 늘 수 있으니, 이것이 바로 한국형 몰입식 영어학습법이 될 것이다.

| 몰입식 학습의 첫 번째 장, 커리큘럼 엄마가 먼저 알자 |

"아이가 학교와 학원에서 어떤 공부를 어떻게 배우고 있는지 혹시 아세요?" 이런 질문을 던졌을 때 선뜻 대답할 수 있는 엄마가 몇이나 될까? 물론 아이가 무엇을 배우는지 엄마가 모두 아는 것은 현실적으로 불가능하다. 바로 이 때문에 공교육과 사교육이라는 교육기관이 존재한다. 엄마들이 알기 어려운 전문적인 부분들을 메워주고, 더욱 현실적이고 체계적인 교육을 담당하기 위해서 말이다.

그러나 아이가 엄마의 학습 지도를 절실하게 필요로 하는 유아부터 초등학교 시절까지는, 엄마가 먼저 아이의 학습 수준을 파악하고 적절한 커리큘럼 지도를 해준다면 학습효과가 훨씬 더 크게 나타난다. 이때의 공부는 엄마도 충분히 감당할 수 있는 수준이고, 아이도 학습 습관을 처음 들이는 시기이므로 엄마가 그 어떤 선생님보다도 필요하다.

특히 영어는 일찍부터 배우게 해서 좋은 학습 습관을 들여야 하므로 수동적으로 흘러가지 않으려면 아이를 학원에만 맡겨두어서는 안 된다. 그러기 위해서는 부모가 먼저 영어학습의 원칙들을 알고 자녀의 영어 교육에 실천하는 것이 필요하다.

그렇다면 지금부터 단계별 노출을 중시하는 몰입식 커리큘럼은 어떻게 이루어지는지 알아보도록 하자. 이 몰입식 커리큘럼에서 가장 중요한 것은 앞에서도 강조했지만 '날마다, 체계적으로, 노출시킨다' 라는 세 마디로 정리할 수 있다. 체계적인 미국 초등학교 커리큘럼에 따라 파닉스와 회화, 스토리북 읽기를 기초로 한다. 이후 단어 시험과 읽기 테스트 등의 체계적인 실력 검토를 거쳐, 상급반이 되면서 문법과 글쓰기에 들어가게 된다.

: **몰입식 커리큘럼의 단계적 노출** :

기초	중급	상급
파닉스 회화 스토리북	단어시험 읽기 테스트	문법 글쓰기

일반 주입식 교육들이 한 가지 도구, 다시 말해 읽기는 읽기대로, 문법은 문법대로, 듣기는 듣기대로 분리하여 가르친다면, 오감과 아이의 타고난 재능과 다각적인 도구와 방법을 통해, 영어의 4개 영역을 골고루 취할 수 있도록 도와주는 것이 몰입식 교육의 목표다. 듣기/말하기/쓰기/문법 이 모두를 각각의 도구로 생각한다면, 일정 단계를 거친 뒤에는 이 4가지 도구를 자유롭게 응용할 수 있는 영어 환경을 마련해주는 것이다.

아이가 어릴 때부터 이런 방식으로 몰입식 교육을 진행하면, 아이들이 이미 생활화된 몰입식 영어를 통해 영어를 친근한 이중언어로 인식하게 되는 효과를 볼 수 있다. 국어와 영어를 구분하지 않고 영어도 또 하나의 언어로 받아들이게 되기 때문이다. 그리고 아이들이 체계화된 커리큘럼 속에서 최대한 효과적으로 공부할 수 있다는 장점이 있다. 그렇게 되면 영어 공부의 방향을 처음부터 제대로 정하지 못해 우왕좌왕하면서 생겨나는 비용과 시간, 에너지의 낭비를 최소화할 수 있다는 뜻이다.

다만 이처럼 생활화된 몰입식 커리큘럼이 잘 진행되기 위해서는 아이 자신의 노력이나 부모님과 선생님의 지원 이전에 정부의 구조적인 지원 또한 절실하다. 미국의 경우는 아이들이 어릴 때부터 파닉스와 읽기, 단어시험과 읽기 테스트와 듣기 등의 영어학습 내용을 정부에서 제공하는 온라인 프로그램을 통해 배운다. 각 가정과 학교에서 검증된 통합 커리큘럼으로 언어를 가르치는 만큼, 엄마나 선생님이 아이가 그 커리큘럼을 잘 따라갈 수 있도록 도와주기만 해도 놀라운 학습효과를 거둘 수 있다. 이처럼 아이들이 어릴 때부터 차근차근 공부하는 것을 생활화하고 있으므로, 발등에 불이 떨어져 영어 족집게 과외 같은 강도 높은 사교육이 따로 필요할 리도 없다.

우리나라의 경우 아직 그런 온라인 시스템이 미비하지만, 장기적으로 볼 때 우리도 이런 온라인 프로그램 커리큘럼을 갖춘다면 비용 대비 효과를 크게 볼 수 있다. 우선 집과 학교에서 각각 엄마와 원어민 선생님의 도움을 받아 체계적인 커리큘럼을 날마다 2시간 이상씩 공부할 수 있게 되므로, 영어의 생활화와 점점 커지는 영어 사교육의 압박에서 벗어날 수 있는 것이다.

사실상 지금까지 우리의 영어 교육은 주입식으로 사교육 안에서 방대하게 이루어져왔다. 그러면서 사교육비는 물론, 어린아이에게 과도한 난이도의 수업을 하는 등 여러 가지 문제들이 돌출되어 있다.

이런 상황에서 몰입식 교육이 학교나 가정에서 자리잡는 것은 매우 중요하다. 아이들이 가장 즐겁게 일상적으로 영어를 배움으로써, 영어 공부에 불필요한 에너지를 소모하는 일이 없어질 것이다. 또한 앞으로 수 년에 걸쳐 제대로 된 영어 몰입 교육이 실시된다면 결국은 영어를 한국어와 병행하는 교육이 이루어지게 된다. 또 영어에 대한 제약이 거의 없어지므로 한국 사람들이 국제노동시장에서 활동하기에 유리해질 것이다.

그렇게 되면 영어 교육 때문에 한국어가 망가진다는 제로섬 논리(Zero Sum Logic : 한쪽이 얻으면 다른 한쪽은 잃는다는 논리)에서 벗어나 영어와 한국어라는 두 언어 구사가 자유로운 윈윈 논리(Win Win Logic : 쌍방에게 다 좋다는 논리)가 받아들여질 것이다. 더불어 우리 아이들은 한국을 기반으로 세계로 진출하는 멋진 기회를 더 많이 가질 수 있을 것이다.

여기서 다시 한 번 캐나다의 사례를 돌아보자. 아이들은 자신에게 필요한 언어를 애쓰지 않고도 자연스레 배울 권리가 있다. 한 언어가 아닌 두 언어를 모국어처럼 배우고 그로 인해 더욱 넓어진 세상을 즐길 권리가 있다. 영어를 '괴롭게 파고들며 공부해야 하는 것'이 아닌 몰입을 통해 자연스럽게 소통하며 공부할 수 있을 때, 비로소 아이들에게도 영어 공부가 즐겁고 재밌는 것으로 자리잡게 될 것이다.

| 몰입식 학습의 두 번째 장, 2400시간 노출 학습방법 |

이제 관건은 아이를 2400시간 이상 영어에 노출시킬 수 있는 환경을 어떻게 만들어주는가 하는 것이다. 물론 가장 좋은 것은 평소에 집에서도 영어를 생활화하는 것이다. 내가 운영했던 영어교육센터에 송희라는 학생이 있었는데, 송희는 미국에서 태어나 2살 때 한국으로 들어왔다. 그런데 송희보다 5살 많은 언니와 3살 많은 오빠가 한국에 들어와서도 계속 영어를 썼기 때문에 송희도 언니 오빠를 따라 자연스레 영어를 쓰게 되었다.

그러니까 송희네 집은 아이들은 엄마 아빠한테 영어로 말을 하고, 송희의 부모님은 아이들한테 한국어로 말을 한다. 때로는 반대로 부모님이 아이들한테 영어로 말하고 아이들은 부모한테 한국어로 말할 때도 있다고 한다. 그러니 아이들은 자연스레 영어도 한국어도 모국어 수준이 되었다. 더욱이 송희 언니는 송희가 어렸을 때부터 셰익스피어, 톨스토이 등 영어로 된 고전 작품만 읽게 해, 고등학교 1학년이 된 송희는 문학성도 감수성도 풍부한 작가지망생이 되었다. 송희는 지금도 아마존 등에서 영어로 된 책을 주문해서 읽는데 소설책 한 권 정도는 2시간 가량이면 읽는다고 한다.

모든 집이 송희네 집 같다면 문제가 없겠지만, 송희네 집은 부모님을 비롯해서 언니 오빠 모두 미국에서 살면서 영어를 생활화했던 가족으로 영어로 의사소통을 하는 데 문제가 없는 가정환경이다. 하지만 한국에서만 생활했던 부모들은 영어로 의사소통이 안 되는 사람들이 대부분이다. 엄마조차 영어를 모르는데 어떻게 집에서 영어를 생활화해서 이야기를 할 수 있겠는가. 하지만 내 아이의 영어 공부를 위해서는 엄마가 더욱 노력을 하는 수밖에 없다. 다음에 제시하는 방법들을 활용해 보는 것도 도움이 될 것이다.

첫째, 온라인 프로그램의 체계적인 커리큘럼을 활용하라.

사실상 아이에게 어떤 커리큘럼으로 어떻게 가르쳐야 할지를 엄마 혼자 고민하는 것은 쉽지 않은 일이다. 영어 전문가가 아닌 만큼 엄마의 노력에도 한계가 있기 때문이다. 물론 엄마부터 영어와 영어 교육에 대한 공부를 많이 하는 것도 중요하지만, 아는 것과 실행하는 것 사이에는 현실적 차이가 있을 수밖에 없다.

그럴 때 영어 교육을 전문으로 실시하는 다양한 온라인 프로그램들은 훌륭한 조력자가 될 수 있다. 각 가정마다 영어학습 방식이 있겠지만, 통합되고 검증된 정부 혹은 공신력 있는 교육기관의 온라인 커리큘럼을 활용하는 것도 좋은 방법의 하나다. 각 연령과 학년별 파닉스와 단어, 읽기, 듣기, 단어와 읽기 테스트 같은 언어의 뼈대를 반복해서 학습한다면 온라인을 통한 영어 교육도 아주 효과적일 수 있다.

인터넷과 컴퓨터 한 대만 있으면 준비되는 온라인 커리큘럼은 시간과 공간의 제약이 거의 없고, 영어학원을 보내는 것보다 비용도 적게 든다. 그 안에서는 동영상을 통해 훌륭한 원어민 선생님도 만날 수 있고, 각종 학습 코너를 통해 파닉스, 읽기, 듣기 등 자칫 엄마 혼자 이끌어가다가 빠뜨릴 수 있는 각 분야의 커리큘럼도 효과적인 순서와 체계로 전달해준다. 또한 학원만 보내놓고 끝인 것과 달리 엄마와 아이 둘 다 편한 시간에 엄마가 곁에서 아이의 영어학습 상태를 살펴볼 수 있다.

다시 말해 엄마 자신도 괜찮은지 아닌지 확신할 수 없는 영어 교재를 산더미처럼 쌓아놓거나, 처음 등록할 때 가보고는 어떻게 가르치는지 관심 갖기조차 어려운 학원에만 아이를 맡기기보다는, 주변에서 찾아

볼 수 있는 시스템들을 활용하는 것도 충분히 괜찮은 선택이다. 아직 우리나라는 통합된 온라인 커리큘럼이 존재하지 않는 만큼 다양한 루트의 리서치를 통해 아이에게 적합한 온라인 커리큘럼을 찾아야 한다는 수고로움이 있지만, 잘 찾기만 하면 아주 효과적일 수 있다.

이런 온라인 커리큘럼은 성실성이 중요하며, 생생하게 교실에서 진행되는 수업에 비해 선생님과 학생의 밀착도와 집중력이 떨어질 수 있다. 그런 만큼, 정해진 학습 시간에는 엄마가 곁에서 함께 커리큘럼을 즐기며 끌어가야 한다. 정해진 분량을 마치고 나면 그에 적절한 보상을 통해 영어 온라인 공부를 규칙적인 습관으로 유도하고 아이의 의욕을 북돋아주는 것도 중요하다.

둘째, 영어 노래·영어 게임·영어 애니메이션 등 영어 매체를 풍부하게 활용해 영어와 놀이를 합치는 것도 좋은 방법이다.

공부라고 하면 무조건 책상에 앉아서 해야 한다고 생각하는 엄마들이 있다. 그러면 아이는 짜증을 부리고 공부 시간을 피하게 된다. 다른 공부도 그렇지만 특히 언어 습득은 청각이나 시각뿐만 아니라 전 오감을 통해서 이루어진다. 아이가 오감을 가장 잘 발휘하는 시간이 바로 놀이 시간이다. 그러니 영어를 놀이와 잘 접목시키면 아이는 잘 놀고 잘 배우게 된다.

가장 먼저 영어 노래는 영어 환경에 자연스럽게 노출되게 하는 최고의 방법이다. 일단 여러 가지 노래를 들려주고 아이가 무엇을 좋아하는지 파악한 뒤, 그 영어 노래를 반복해서 들려준다. 그렇게 여러 번 반복해서 들려주면 대부분의 아이들은 굳이 강요하지 않아도 자연스럽게 그 노래를 흥얼거리게 된다. 이때 억지로 단어를 외우게 하거나 발음을 교정하지 않고 자연스럽게 흘러가도록 놓아두는 아량이 필요하다.

또한 영어로 만든 카드나 그림을 이용해 숫자 게임이나 단어 게임, 퀴즈 게임, 보물찾기 게임 등을 하면 아이와 충분한 교감을 이루면서 즐겁게 공부할 수 있을 뿐 아니라 단어 외우기에 특히 효과적이다. 주제는 아이가 흥미 있어 하는 것으로 하면 된다. 자동차를 좋아한다면 자동차와 관련된 퀴즈를, 피자를 좋아한다면 피자 토핑의 단어를 게임으로 외우게 하는 식이다.

마지막으로 애니메이션 또한 훌륭한 교재다. 아이들은 호기심을 느끼면 그것을 알고 싶어 하는 본능이 있다. 애니메이션을 보면 자연스레 스토리나 장면을 따라가기 위해 집중하게 된다. 또한 애니메이션은 대화가 많아 간단한 일상 회화를 배우고 영어에 흥미를 느낄 수 있게 하는 좋은 도구다. 애니메이션을 고를 때는 어휘가 어렵지 않고 아이의 취향에 맞는 것을 고르도록 한다.

셋째, 집안 곳곳에 영어와 관련된 장치를 만들어 아이가 영어에 익숙해지도록 하라.

언어 습득에서 가장 중요한 학습 요소는 반복이다. 반복하면 무엇이든 익숙해지게 되어 있다. 최근 들어 영어 체험이나 영어마을 프로그램이 인기인데, 주말에 바쁜 시간을 쪼개서라도 아이의 영어 체험을 함께 하는 것도 좋다.

그러나 이런 체험들은 꾸준하게 하지 않는 한 효과가 제한될 수 있으므로, 집 안 곳곳에 영어와 가까운 장치들을 배치해서 일상에서 영어 노출 효과를 늘려야 한다. 화이트보드나 칠판을 이용해 영어 단어나 엄마의 메시지를 적어두는 것도 좋고, 아이가 자주 머무는 곳이나 좋아하는 물건에 포스트 잇 등을 여러 겹 붙여 하나씩 떼어보도록 하는 것도 좋다. 자주 보고 자주 읽게 되면 아이도 영어 활자에 대한 낯선 감정을 극복하고 자연스럽게 익히게 된다.

또한 다양한 영어 그림책을 바구니에 담아 집 안 구석구석에 놓아두는 것도 좋은 방법이다. 즉 영어 장치를 배치할 때 집 안을 또 하나의 영어마을로 만든다는 생각으로 진행하면 된다. 미국 초등학교 교과서나 한국에서 외국인학교에 다니는 학생들이 보는 도서 등도 구비해두고 아이들과 함께 보면서, 책에 나오는 다양한 주제들로 이야기를 나누면 아이들한테 더욱 자극제가 될 것이다.

넷째, 방학 기간을 최대의 기회로 삼아 노출 환경을 만들어라.

아이가 집에 있는 시간이 많은 방학은 영어와 친해질 수 있는 절호의 기회다. 이 시기는 엄마의 노력이 클수록 거둘 수 있는 성과도 크므로, 엄마가 주도적으로 영어 공부를 열심히 하겠다는 결심을 하고 아이를 이끄는 리더십이 필요하다. 학기 내내 일정 시간 꾸준히 공부하는 것도 좋지만, 일정 기간 동안 매일 3시간 이상 집중적으로 공부하면 영어 노출 시간이 집중적으로 증가하므로 좀 더 큰 성장을 기대할 수 있다.

또한 집에 머무는 시간이 많은 만큼 방학 때만 할 수 있는 신선한 커리큘럼으로 변화를 주는 것도 좋다. 그렇다고 너무 무리하지 말고 학습량을 아이와 조정해서 하도록 하자. 이를테면 방학 숙제를 함께 하면서 그와 관련된 영어 단어를 외우도록 독려하거나, 방학 일기를 영어로 쓰게 해보는 것도 좋다. 바캉스나 겨울 여행을 가기 전에 그와 관련된 간단한 영어 대화를 하거나 긍정적인 보상을 통해 영어학습 동기를 강화시키는 것도 좋은 방법이다.

내가 아는 방송국 PD 중에 딸만 둘인 사람이 있다. 지난 여름, 이 가족은 해외로 여름휴가를 갔는데, 가기 전에 딸들한테 "영어 공부 제대로 안 하면 한국에 남겨놓겠다"라고 했단다. 그랬더니 딸들이 아침에 눈 떠서 잘 때까지 여행영어책을 들고 달달 외우다시피 해서 영어 실력이 꽤 늘었다고 한다.

| 몰입식 교육의 마지막 장, 동기부여 |

그리고 몰입 교육의 마지막 장인 동기부여이다. 아무리 훌륭한 커리큘럼도 아이가 받아들이지 않으면 소용이 없다. 좋은 성과를 내는 선생님이나 부모들에게는 공통점이 있다. 바로 동기부여에 능숙하고 칭찬에 인색하지 않다는 점이다. 아이를 윽박지르며 끌고 갈 것인지, 이 극과 극의 학습 방향의 갈림길에서 잘 선택해야 한다.

앞에서도 말했지만 많은 학자들이 제시한 가장 효과적인 학습은 아이의 마음가짐, 즉 동기부여를 전제로 한다. 어떤 식으로든 아이에게 영어학습의 동기부여를 할 경우, 그것이 아이의 학습 능력을 증폭시키는 가장 훌륭한 기폭제가 된다.

내게는 브라이언이라는 특별한 학생이 있다. 브라이언은 초등 3학년 때 초등 1학년으로 입학하는 동생 이안과 함께 우리 교육센터에서 영어를 배웠다. 이안은 초등 1학년이라 내가 개발한 해외연수 프로그램으로 아무 무리 없이 공부했고, 진도대로 잘 따라가 4년 후에는 외고 준비반으로 갈 정도의 실력을 갖추게 되었다. 하지만 브라이언은 3학년부터 ABC반을 시작해서 늦게 영어를 배우다 보니 동생 이안보다 더 힘들게 공부하는 듯했다.

나는 브라이언이 힘들어하고 자신 없어 할 때마다 "잘하고 있어, 브라이언, 꼭 할 수 있어"라는 자신감을 불어넣어주면서, "선생님이 기대할게" 하며 큰 기대도 함께 보였다. 브라이언은 그저 자신 없는 미소로 고개를 갸웃거리곤 했지만, 그런 기대를 꾸준히 심어주자 학습 태도가 달라지기 시작했다.

아이들에게 칭찬과 기대를 심어주면 비록 더디더라도 아이는 분명 달라진다. 브라이언 역시 몇 번의 슬럼프를 극복하고 차츰차츰 영어에 재미를 붙이더니 나중에는 실력이 점점 올라가서 스피치도 훌륭하게 해냈다. 그 학생과 헤어지면서 나도 모르게 눈물까지 보였다. 브라이언은 자신이 내게 그렇게 특별한 학생이라는 것을 알고 앞으로 더 열심히 하겠다고 했다.

브라이언의 동생 이안도 형 못잖은 실력을 갖추게 되었는데, 두 형제 사이의 선의의 경쟁의식도 함께 작용했는지 두 형제는 앞서거니 뒤서거니 열심히 영어 공부를 했다. 동생 이안이 언어지능은 더 높았지만,

형인 브라이언이 더 열심히 해서인지 형의 실력이 약간 더 높았다.

브라이언은 내게 선생님의 동기부여와 기대가 얼마나 중요한 것인지를 가르쳐준 귀한 학생이었다. 또한 이안과 브라이언은 백퍼센트 국내에서만 공부해도, 얼마든지 뛰어난 영어 실력을 갖출 수 있다는 좋은 사례를 보여주기도 했다.

아이가 영어를 좋아하지 않는다면, 무작정 책상 앞에 앉히는 대신 동기부여라는 선물을 먼저 주어야 한다. 이 처방은 그 어떤 아이라도 백이면 백 효과를 본다고 장담할 수 있다. 아이의 영어 잠재력을 10배 키우는 힘은 칭찬과 확신에 근거한 동기부여이다. 여기에 올바른 커리큘럼, 날마다 공부하는 올바른 영어학습법이 더해지면 아이의 영어 실력은 쑥쑥 올라갈 것이다.

Key Point

이것을 꼭 기억하세요!

1. 몰입식 영어란 아이가 영어를 최대한 자주 접촉할 수 있는 환경을 만들어주고, 아이가 그 안에서 노력과 성취의 즐거움을 얻을 수 있도록 도와주는 것이다.

2. 몰입식 영어 교육은 일반적인 주입식 교육과는 달리 읽기/듣기/쓰기/말하기의 4대 영역의 도구를 번갈아 사용하면서 아이의 근본적인 영어 실력을 키우는 학습 방법으로, 온라인과 오프라인을 병행해 실시할 수 있다.

02

D K F L S K A P W
E C K J K M C Z Q
P W E O R I X F J

한국에서 진행하는 미국 연수식 영어학습법

E K W K D F L
D J F L S P Q

내 아이가 미국 아이들처럼 영어를 술술 잘하게 하는 방법은 무엇일까? 가장 쉬운 방법은 초등학생 시절에 미국에 보내 몇 년간 지내다 오게 하는 것이다. 흔히 말하는 해외 어학연수를 말한다. 또한 초등학교 때는 언어 두뇌가 개발되는 결정적인 시기인 만큼, 이때 어학연수를 다녀오면 한국에서만 지낸 학생들보다 실력이 월등히 좋을 수밖에 없다. 상황이 이렇다 보니 요즘 들어 초등학생은 물론 중학교, 고등학교, 심지어 대학에 들어가서도 어학연수를 다녀오는 경우가 많아졌다.

그렇다면 어학연수는 모든 걸 해결해주는 마법 지팡이일까? 한번은 초등학교 4학년이 되었는데도 아직 기초적인 영어 문장도 모르는 상태의 아이를 만난 적이 있다. 엄마 얘기를 들어보니 그동안 아이에게 굳이 영어를 열심히 가르칠 필요성을 못 느꼈다고 한다. 5학년이 되면 어차피 1~2년 캐나다에서 영어 연수를 시킬 텐데 걱정할 필요가 없겠다고 생각했다는 것이다.

이런 경우는 백발백중 비용 대비 영어 연수의 효과를 크게 보기 어렵다. 해외 연수에서 최대한의 성과를 보려면 반드시 준비 작업이 필요하기 때문이다. 실제로 연수에서 큰 성공을 거둬 오는 학생들 대부분은 연수 전에 이미 영어 실력이 기본적인 궤도에 오른 아이들이다. 그런 아이들은 미국이나 캐나다에 가서 1~2년 정도 지나면 반드시 그 나라 학생들과 비슷한 수준으로 올라가는 도약 효과를 볼 수 있다.

영어 연수, 과연 만능 해결책일까?

실제로 연수 가기 전에 영어 실력이 아주 부족했던 학생들은 아주 기초적인 실력밖에 없기 때문에, 연수를 가도 수업만 겨우 따라가고 원어민 학생들과 대화도 제대로 못하는 경우가 많다. 그 결과 비싼 비용을 들이고 나서 돌아와도 국내에서 일찍부터 제대로 공부를 해온 학생들을 겨우 따라가는 수준에서 멈추곤 한다. 다시 말해, 연수 전에 어느 정도 영어 실력을 올려놓고 가는 것이 연수 효과를 훨씬 더 높이는 방법이다.

또 하나 생각해봐야 할 점은, 영어 연수는 어학 학습효과는 훌륭하지만 여러 가지 위험 또한 감수하지 않을 수 없다는 사실이다. 아이를

1~2년 동안 미국에 보내는 동안 지불해야 하는 경제적 비용은 물론, 가족들이 떨어져 지내면서 겪을 수 있는 가정 파괴라는 위험부담 등을 고려해보면 반드시 권장할 만한 선택은 아니다.

이런 면에서 나는 아이의 영어 실력을 위해 어학연수를 꼭 가야 하는가 하고 묻는다면 앞서도 말했지만 "그렇지 않다"고 대답하는 쪽이다. 한국에서도 미국식 커리큘럼과 몰입 교육을 제대로 실시하기만 하면, 어느 정도까지는 미국 학생처럼 영어를 충분히 구사할 수 있기 때문이다. 영어 공부를 싫어하던 우리 조카 DJ는 해외연수를 보내지 않고 내가 직접 관리하면서 한국에서 공부시켰는데, 초등학교 때 IBT 토플이 100점이 넘는 실력을 갖추었다.

| 미국에서 진행하는 영어 몰입식 교육 |

5년 전, 한 그룹의 초등학생들을 선발해 미국과 캐나다에서 1년간 연수를 시킨 적이 있었다. 미국 초등학교의 커리큘럼을 한국으로 들여와서 ESL화시키기 위한 일종의 기초 작업이었다. 당시 나는 선발된 아이들이 어떤 커리큘럼으로 어떻게 공부하는지 전 과정을 꼼꼼히 관찰하면서 몇 가지 중요한 사실을 깨달았다. 그중 하나는 미국식 커리큘럼의 핵심이 방대한 스토리북 읽기에 있다는 점이었다. 당시 내가 선발한 아이들의 학습 진행 과정을 요약해보면 다음과 같다.

아이들이 학교에 도착하고 가장 먼저 받는 과제는 바로 책 읽기였다. 담임선생님이 아이들에게 읽어야 할 책들을 매주 몇 권씩 숙제로 내주었다. 그런 뒤 영어 읽기 수업(Literacy)에서 아이의 수준을 파악하는 작업이 이루어졌다. 아이들을 한 반에 몽땅 집어넣고 가르치는 대신 아이들 저마다의 수준에 맞춰 저학년 레벨의 국어 수업으로 내려보내기도 하고 수준이 높으면 ESL 수업으로 보내기도 했다. 이는 우열반이라고 하기보다 수준별 특화 지도에 가까웠다. 부족한 아이는 기초부터 다져주고, 수준이 높은 아이에게는 더 큰 가능성을 열어주는 것이다.

읽기 수업도 우리가 진행하는 영어 교육과는 다른 점이 많았다. 한국식으로 모든 문장을 정확하게 해석하는 대신, 대충이라도 스토리북을 읽고 모르는 단어만 밑줄을 긋게 하는 식이었다. 이는 단어에 매달리기 전에 일단 전체 내용을 파악하면서 윤곽을 잡는 것을 우선적으로 여기기 때문이었다. 덕분에 아이들은 책 한 권 한 권을 외우듯 읽어나가는 대신, 방대한 책을 읽어나가면서 문맥과 틀을 파악하고 작은 것들은 부수적으로 따로 공부할 수 있었다.

그렇게 자기 수준에 맞게 스토리북을 한 권 한 권 읽어나간 아이들은 연수 기간 1년 동안 무려 약 50~100여 권의 책을 읽어냈다. 한정된 교재를 가지고 외우듯이 수업을 이어가는 진도와 주입 위주의 한국식 영어 교육에서는 불가능한 일이었다. 이렇게 이야기와 단어들의 홍수에 파묻힌 아이들은 책 한 권 한 권을 재밌게 읽어나가면서 단어와 읽기 실력이 자연스럽게 늘었다.

이러한 진행 방식은 한국에서도 얼마든지 가능하므로, 우리 엄마들이 이 과정을 잘 기억해두었다가 아이들한테 적용해보도록 하자.

| 몰입식 영어에서 인풋을 강조하는 이유 |

그렇다면 읽기가 언어 습득의 가장 기본이 되는 이유는 뭘까? 초등 미국 연수 영어의 핵심이 다독 위주의 스토리북 읽기와 단어 습득, 이해도 능력 향상에 맞춰져 있기 때문이다. 이것은 우리가 꼭 알아야 할 중요한 한 가지 사실이기도 하다. 즉 듣기와 쓰기가 제대로 되려면 읽기와 단어실력이라는 기초공사가 꼭 필요하다는 점이다.

모든 학습이 그렇겠지만 특히 어학은 읽기, 듣기, 말하기 중에 하나만 특별히 잘한다고 해서 완전하다고 말할 수 없다. 오히려 하나만 특별히 못해도 그 사람은 영어를 잘 못한다는 이야기를 들을 수 있다. 예를 들어 매일같이 영어로 된 책을 보고 읽고 쓰고 해서, 영어 문장을 읽고 쓰는 능력은 강한데 일상회화 실력이 떨어진다고 해보라. 그러면 그 사람은 남들이 보기에는 영어를 잘 못하는 것처럼 보인다. 또한 아주 유창한 문장을 구사해도 발음이 조금 뒤처지면 어딘지 모르게 어설픈 영어를 한다는 인상을 남길 수도 있다.

물론 영어에서는 의사소통 능력이 가장 중요하다. 헨리 키신저 같은 미국의 전 국방장관은 외국인 억양이 아주 강한 사람인데도 최고직에 오르지 않았는가. 하지만 우리 아이들이 활동할 무대는 지금과는 또 다른 글로벌 비즈니스의 세계다. 이왕이면 영어로 말하는 능력에 멋진 발음까지 곁들여지면 더 좋을 테니, 아이에게 영어의 4개 영역을 전부 골고루 잘할 수 있도록 가르치자.

방대한 스토리북 읽기는 단순히 읽기와 단어 실력만 향상시키는 것이 아니다. 동시에 듣기 능력이 좋아지고 말하기와 쓰기까지 좋아진다.

예를 들어 최근 일상회화가 인기를 끌어 진짜 미국식 발음과 표현에 집착한 나머지, 무조건 귀를 틔운다고 무조건 듣기부터 하는 경우를 많이 보게 된다. 그러나 이처럼 단어를 모르면서 무조건 듣기만 하는 것은 거의 유아기처럼 어린 나이가 아니면 효과가 없다. 이때는 언어를 소리로 받아들여 앵무새처럼 따라 하기만 해도 영어 공부가 된다. 아직 인지나 논리 능력이 완전히 발달하지 않아서 들은 것, 보는 것은 모두 흡수하기 때문이다.

그러나 한 살 한 살 나이가 들어갈수록 이런 소리적인 접근 방법은 그 효과가 현저히 떨어져서, 단순히 듣기만 해서는 효과적인 영어학습을 기대하기 어렵다. 단, 이미 많은 단어를 알고 있고 높은 수준의 읽기 능력을 구사하는 수준급 유학생이라면 자꾸 듣다 보면 영어 발음에 익숙해지면서 귀가 틔일 수도 있다. 하지만 어린 학생의 경우 단어 실력이나 읽기 실력 같은 인풋이 없이 처음부터 듣기만 해서는 그다지 효과적인 영어학습법이 되지 못한다.

따라서 어린 나이라 하더라도 초등학교 이상이라면 보다 체계적인 단계를 거쳐 종합적인 영어 공부를 해야만 영어의 기초체력을 단단히 다질 수 있다. 먼저 읽고, 단어를 외우고, 그다음에 다시 내용을 들으면서 듣기를 익히는 식으로 단계별로 체계를 갖춰야 한다. 이렇게 되면, 듣기라는 한 가지 도구가 아닌 외우기와 읽기, 이해라는 인풋 베이스가 전제된 상태에서, 쓰기와 말하기라는 아웃풋까지 끌어낼 수 있어 훨씬 효과적인 공부가 된다.

: 몰입식 커리큘럼의 상호 보완 도표 :

Input 위주(1단계)		Output 위주(2단계)
• 단어(스토리북마다 나오는 단어들을 암기) • 읽기(방대한 스토리북 읽기) • 듣기(스토리북을 CD/테이프로 계속 듣기)	▶	• 말하기(회화, 스피치) • 쓰기(단문 쓰기, 장문 쓰기, 단락 쓰기, 에세이 쓰기)

| 한국에서 미국 연수식 영어가 잘 안 되는 이유 |

그런데 한국에서 미국 연수식 영어 교육이 잘 안 되는 이유가 무엇일까? 가장 큰 이유는 한국말을 쓰는 환경일 것이다. 이외에도 많은 전문가들이 한국 학부모들의 교육관, 사교육과 공교육 환경에 대한 문제점을 들고 있다. 구체적으로는 다음 세 가지를 들 수 있다.

첫째, 한국의 학부모, 특히 엄마들은 아이들에게 많은 양의 공부를 시켜야 안심하는 경향이 있다는 것이다.

이는 우리 교육의 가장 큰 난점으로 지적되어왔던 주입식 교육의 폐해가 영어 교육에서도 어김없이 나타나는 것이라고 볼 수 있다. 그래서 학습효과가 큰 주 5~7회 학습보다는 문법 위주의 주 2회 학습을 더 선호하며, 한꺼번에 많은 양을 머릿속에 넣기를 원하고 숙제도 많이 내주기를 원한다. 하지만 영어학습은 한꺼번에 몰아서 하기보다 날마다 조금씩 했을 때 더 효과가 크다는 사실을 꼭 기억하자.

둘째, 우리나라 사교육 시장을 주도하고 있는 영어학원의 교육 환경이 몰입식 영어 교육에 적합하지 않다는 것이다.

한국의 많은 학원 체인들이 자체 콘텐츠(온라인과 교재)로 돈을 벌기 때문에 다양하고 재미있는 미국의 스토리북을 읽히는 대신, 자신들이 개발하거나 판권을 구입한 일부 교재들만 제한적으로 사용하는 경우가 많다. 몰입식 교육의 기본 바탕은 다양한 스토리북 읽기를 통한 인풋이라는 것을 감안할 때, 이러한 환경에서는 제대로 된 몰입식 교육이 이루어지기 힘들다.

뿐만 아니라, 주 2회 3시간 수업을 하는 경우가 많은데, 주 2회 수업으로는 몰입 교육이 어렵다. 몰입이라는 말 자체는 날마다 몇 시간씩 원어민 영어에 노출되어야 한다는 뜻인 만큼, 주 2회 3시간씩보다는, 주 5회 1~2시간씩 공부하는 게 훨씬 효과가 크다. 그런데도 학원 체인에서 주 5회 운영을 하지 않는 것은 버스 운행거리가 짧아서 이윤이 떨어지기 때문에, 먼 곳에서 한꺼번에 많은 학생들을 실어 나를 수 있는 주 2회 운영을 더 선호하는 것이다.

셋째, 최근 들어 세계화시대 영어 공교육의 내실 다지기의 일환으로 실시되고 있는 방과 후 원어민 교사 교육에 대한 문제이다.

지금 진행되고 있는 방과 후 수업은 몰입 교육을 실시할 체계적인 커리큘럼과 온라인 프로그램이 없어서 노출시간이 부족하다. 그러다 보니 모든 영어 수업이 달랑 원어민 선생님 한 명의 재량에 달려 있고, 이 원어민 선생님을 관리하는 시스템조차도 없거나 부족한 경우가 많다.

이 같은 커리큘럼 부재, 선생 관리 시스템 부재가 방과 후 수업에서 몰입 교육의 효과를 떨어뜨리는 것은 당연하다.

방과 후 수업의 또 한 가지 문제점은 원어민 선생님들이 1년 계약직으로 고용된다는 점이다. 그러다 보니 아이와 얼굴을 익히고 단계별 학습을 장기적으로 진행하는 게 당연히 무리이고, 미국이나 캐나다의 정규 초등학교 선생님에 비해 질적인 면에서도 차이가 많이 난다. 또한 1년 후에는 계약이 끝나 바로 다른 학교로 떠나기 때문에, 담당했던 아이의 학습 발달 과정 인계가 제대로 되지 않아 후임 선생님이 아이를 제대로 평가하기도 어려워진다.

따라서 한국 공교육에서의 원어민 몰입 교육이 효과를 제대로 발휘하려면 다음 세 가지가 필요하다. 첫째, 체계적인 초등 커리큘럼과 그것을 뒷받침하는 온라인 영어 콘텐츠가 있어야 한다. 둘째, 원어민 선생들을 관리할 수 있는 체계적인 선생 관리 시스템이 뒷받침되어야 할 것이다. 셋째, 한국인 선생님의 전체 학생 관리와 커리큘럼 관리를 통해, 1년 계약직 원어민 교사들 간의 학습 인계와 수준별 학습이 이루어질 수 있어야 한다. 그랬을 때 우리의 영어 공교육도 자리잡을 수 있을 것이다.

5단계로 구성된 미국식 한국형 몰입 영어 커리큘럼

초등학교 영어 공부는 총 6년간 이루어진다. 이 무렵 아이들의 인지와 언어 능력 속도는 하루가 다르게 발달한다. 따라서 초등 시기에 아이들의 빠른 성장 속도를 잘 가늠하고 그 시기에 맞는 적절한 영어 커리큘럼을 마련해주는 것은 매우 중요한 일이다. 앞에서 말했듯이 필자는 선발된 몇몇 아이들을 캐나다와 미국 초등학교에 보내서 해외 연수를 시키면서 아이들이 단계별로 어떤 공부를 하는지 관찰했다.

그렇게 개발된 해외연수형 몰입 영어 교육 프로그램을, ABC도 모르는 한국의 초등학생들부터 해외연수를 몇 년씩 한 뛰어난 영어 실력을 가진 중학생들에 이르기까지, 4년 이상 적용시키며 굉장한 실력 향상을 이루어냈다. 나 자신의 이러한 경험을 통해 몰입과 적성이라는 학습 원칙의 효과를 확신할 수 있었고, 더불어 커리큘럼의 우수성도 확인할 수 있었다. 미국 아이들이 공부하는 미국식 커리큘럼을 한국 초등학생들의 단계별 발전에 맞추어 도입시킨 이 한국형 몰입식 커리큘럼에 대해서는 PART 4에서 본격적으로 소개하겠다.

이 프로그램은 미국식 프로그램과 비슷하다. 미국과 캐나다의 초등학교에서 각 학년마다 공통으로 읽히는 필독 스토리북과 관련 단어 익히기가 가장 기본적인 구성으로 전제된다. 그 외에 매 학년마다 필요한 4대 영역 즉 읽기/듣기/말하기/쓰기 능력 개발을 위한 파닉스, 회화, 문법, 쓰기, 듣기 등을 추가했다. 또한 본래의 미국 초등학교 커리큘럼을 한국 아이들에게 맞도록 ESL화시키는 데 주안점을 두었다.

그리고 영어교육센터에서 이 커리큘럼을 주 5회 원어민 선생님 담임제로 실시한 결과, 학생들의 영어 실력이 눈에 띄게 좋아졌고 국내에서만 공부한 학생들도 외고에 합격했다. 그 결과 국내에서 ABC부터 배워도 어떤 커리큘럼으로 어떻게 공부하느냐에 따라 특목고 진학이 충분히 가능하다는 결론을 내렸다. 또한 부모가 아이의 동기 유발만 잘 시킬 수만 있다면 이 커리큘럼으로 집에서 영어 교육을 시켜도 충분히 영어를 잘할 수 있다는 것을 확신하게 되었다.

이처럼 어떤 인프라를 갖고 선생님들이 어떤 학습 방법으로 학생들의 학습 발달 과정을 관리하느냐에 따라, 한국 교육 현장에서 미국식 초등학교 커리큘럼을 도입하는 것도 장기적으로 볼 때 큰 성과를 낼 수 있다. 국내에서도 해외연수를 '대체'할 수 있는 프로그램이 가능할 뿐 아니라 체계적인 학년별 영어학습을 할 수 있기 때문이다.

Key Point
이것을 꼭 기억하세요!

1. 영어 연수는 결코 만능 해결책이 아니다. 오히려 연수를 가기 전에 한국에서 얼마나 기본기를 다졌는가가 연수의 성취도를 높일 수 있는 척도가 될 수 있다.

2. 단순 암기식에서 벗어난 미국식 커리큘럼에서 스토리북 읽기는, 영어 단어와 영어 이야기의 홍수에 빠질 수 있는 최선의 방법이다.

3. 방대한 인풋 양은 결과적으로 질 높은 아웃풋을 동반한다. 무조건 듣기와 말하기를 가르치기 전에, 많이 읽고 그 스토리에 관련된 단어들을 많이 외우게 하면서 그 스토리를 많이 듣고, 많이 쓰는 연습을 해야 한다.

03

커리큘럼, 학습 방법, 부모와 선생님의 삼위일체

몰입 교육을 제대로 실시하려면 세 가지 조건이 필요하다. 첫째는 체계적이고 검증된 커리큘럼과 콘텐츠, 둘째는 올바른 학습 방법, 셋째는 선생님과 부모의 노력이다. 아이의 영어 실력은 이 삼위일체의 인프라 속에서 태어나는 결과물이라고 해도 과언이 아니다. 바로 이 세 개의 기둥이 잘 갖춰져 있어야 아이의 영어 실력도 더욱 조직적으로 급성장하게 된다.

이처럼 체계적인 공부를 한 아이는 일단 어느 수준 이상으로 올라가면 더욱 자발적이고 자연스럽게 실력을 향상시킬 수 있다. 따라서 아이의 영어 실력이 잘 늘지 않을 때, 무조건 아이를 탓하기 전에 과연 이 세

가지의 밑받침이 잘 제공되고 있는지, 부족하다면 어느 부분이 부족한지 한 번 더 되새겨볼 필요가 있다.

| 커리큘럼의 중요성 |

엄마들이 모이면 꼭 나오는 이야기 중에 하나가 아이들 학원에 관한 것이다. 그러나 대다수는 "우리 아이는 ○○ 영어학원 다니는데……" 라고 말할 뿐, "우리 아이는 어떤 커리큘럼으로 어떻게 공부한다"고 말하지 않는다. 사교육이 발달하고 최근 브랜드 학원들이 강세를 떨치면서 유명하다고 하면 일단 등록부터 시키고 보는 풍조가 생겨나다 보니, 그곳의 커리큘럼이 내 아이에게 적합한지 어떤지 판단해볼 기회가 오히려 줄어든 셈이다.

아이들을 학원에 맡기는 데 익숙해진 엄마들은 영어 콘텐츠는 어딜 가나 대강 비슷할 것이라고 생각해 브랜드의 인지도나 학원 규모를 먼저 본다. 브랜드의 인지도는 그 회사가 마케팅에 돈을 얼마나 썼느냐의 결과이지 그 학원이 우리 아이에게 가장 적합한지와는 전혀 무관하다.

커리큘럼은 식사로 치면 영어 공부의 식단이다. 어떤 내용의 책을 얼마만큼 어떻게 가르치고 학습 피드백(주로 시험과 성적표)은 어떻게 하는지 등에 대해서 충분한 검토가 필요하다. 이 커리큘럼이 설익고 충분히 검증되지 않았을 경우, 그것은 날마다 아이에게 튀긴 만두와 인스턴트 라면만 먹이는 것과 다르지 않다. 부실한 음식을 먹는 아이와 야채, 과일, 생선, 잡곡밥 등을 골고루 먹는 아이의 차이는 처음에는 잘 느껴지지 않을 수도 있으나 나중에는 그 학생의 기초체력과 건강에 아주 큰 영향을 미친다. 마찬가지로 제대로 된 영어 콘텐츠와 커리큘럼으로 시작하는 아이와 그렇지 않은 아이의 영어 실력은 차후에 엄청나게 큰 차이를 불러오게 된다.

훌륭한 커리큘럼에 대한 이야기는 PART 4에서 구체적으로 다룰 것이지만, 우선적으로 강조하고 싶은 것은 재미와 흥미를 불러일으키면서 영어 실력을 키워주는 체계적인 커리큘럼과 콘텐츠이다. 이것이야말로 영어 교육에서 가장 기본적인 필수 조건, 즉 아이의 건강을 책임지는 식단과도 같다고 할 수 있다.

예를 들어 공교육이 야심차게 준비한 방과 후 원어민 교육이 비용 대비 효과를 거두지 못하고 있는 가장 큰 이유도 바로 커리큘럼 때문이라고 말씀드렸다. 아무리 훌륭한 원어민 선생님이 있다 해도 삼위일체 영어 교육의 첫 번째인 커리큘럼이 없으면 한계가 있다.

거듭 이야기하지만, 정부에서 주도하는 몰입 교육이 제대로 실시되려면 무엇보다도 초등 1학년에서 6학년까지의 체계적인 미국 초등 커리큘럼을 ESL화시킨 콘텐츠를 갖출 필요가 있다. 그리고 그 커리큘럼의 콘텐츠를 온라인으로 구현해서 모든 초등학교에서 원어민 선생님들이 동일 커리큘럼을 사용할 수 있도록 하는 몰입 교육의 인프라를 갖추는 것이 필수다. 각 학교마다 파견하는 원어민 교사도 이런 인프라를 갖추고 난 후에야 제대로 아이들을 가르칠 수 있을 것이다.

아직 우리 공교육 커리큘럼의 체계는 준비 단계에 불과하다. 몇십 년간 이중언어 교육을 해온 미국이나 캐나다 같은 선진국들에 비하면 이

제 시작하는 것과 다름없다. 따라서 이런 커리큘럼의 부족을 부득이하게 사교육으로 메우는 것이 한국이 몰입 교육으로 가는 과도기적인 현실로 나타난 현상이다.

여기서 엄마들의 역할은 분명하다. 어느 학원, 어느 교재의 커리큘럼이 내 아이에게 도움이 될지 볼 수 있는 안목을 스스로 길러서, 누군가 아이의 영어 공부를 물어올 때 "우리 아이는 ○○ 학원에 다녀요"가 아니라 "우리 아이는 이런 커리큘럼으로 이런 공부를 해요"라고 말할 수 있을 정도가 되어야 한다.

| 학습 방법의 중요성 |

아무리 좋은 커리큘럼과 콘텐츠가 있어도 그것을 통해 최대의 효과를 얻기 위해서는 또 다른 노력이 필요하다. 실제 교육 현장에서 어떤 방식으로 이 커리큘럼을 소화할 것인가 하는 학습 방법도 중요하다. 아무리 좋은 커리큘럼도 매일같이, 재밌게 가르치고 배우지 않으면 큰 효과를 보기 어렵기 때문이다.

좋은 커리큘럼을 가장 훌륭하게 진행하기 위해서는 두 가지 원칙이 있다. 바로 소그룹 위주로(4~6명 정도) 날마다(주 5~6회) 2시간 이상씩이라는 원칙이다. 이때는 온라인을 통해 원어민 선생님의 발음을 익히되, 부모나 한국인 선생님이 관리해주는 것이 이상적이다.

또 하나 중요한 것이 바로 테스트와 피드백이다. 학생들에게 질문을 하고 답을 바로 확인하기, 쪽지시험을 규칙적으로 매주 1~2회씩 보기,

책 한 권이 끝난 후 전체 내용에 대한 시험 보기 등 학생이 학습 내용을 얼마나 잘 이해하고 있는가를 확인하는 시스템이 반드시 필요하다.

다음은 PART 3에서 자세히 다루게 될 MI(다중지능) 학습법이다. 아이들은 저마다 타고난 MI가 다르다. 논리수리가 강한 아이, 언어지능이 높은 아이, 대인관계지능이 높은 아이 등등 아이마다 강하거나 약하게 타고난 지능들이 다르기 때문에 그 특성을 알아야만 보다 효과적인 영어학습이 가능하다. 무조건 '우리 아이는 왜 영어 공부를 못할까' 라고 생각할 것이 아니라, 우리 아이는 어떤 MI 패턴을 갖고 있는지 파악한 후 영어학습을 어떻게 시키는 것이 가장 효과적인가를 생각해야 한다.

예를 들어 아이가 신체지능이 강하고 공간지능이 강하지만 언어지능이 약하면 수업 시간에 계속 무언가를 끼적거리면서 가만히 앉아 있지 못하는 산만한 패턴을 보일 것이며, 영어를 배우는 속도도 남들보다 느릴 것이다. 이런 경우는 아이에게 비주얼 효과가 높은 학습 방법과 체험 위주의 영어학습법이 아주 효과적이다. 그리고 이처럼 아이의 강한 지능들을 잘 활용해서 다양한 지능개발도 시키면 영어학습효과도 훨씬 높일 수 있다.

마지막으로 아이들은 학년에 따라 인지능력도 많이 다르므로 Part 4에서 소개하고 있는 학년별 영어학습법도 잘 적용하기 바란다. Part 4에서는 초등 저학년부터 초등 고학년까지 각 단계에서 짚고 넘어가야 할 중요 부분, 그리고 아이의 진도와 실력 검증을 위한 테스트도 실어두었다.

선생님과 부모의 중요성

한국형 원어민 몰입 교육을 저학년부터 실시할 경우 처음에는 한국말이 전혀 안 통하니까 아이들이 갑갑해한다. 하지만 기본 생활 언어를 익히고 나면 원어민 선생님의 발음을 듣고 앵무새처럼 따라 하는 버릇이 생기면서 아이들의 발음이 점점 좋아진다. 초등 1학년부터 주 5회 원어민 몰입 교육을 실시하면 2~3년이 지나면 발음이 아주 좋아지고, 그렇게 계속 공부를 하면 5~6학년이 되어서는 외국에서 살다 왔느냐는 말을 들을 정도로 잘하게 된다. 물론 아이들마다 편차가 있기는 하지만 원어민 주 5회 영어 몰입 교육을 실시한다면 발음에서 굉장한 성과를 볼 수 있다. 온라인으로 학습을 해도 엄마나 한국인 선생님이 잘 관리해주면 원어민에 가까운 발음으로 파닉스를 익힐 수 있다.

사교육비가 너무 비싸고 선생님의 수준을 믿을 수 없다면 부모가 직접 아이의 영어 교육을 책임지는 것도 좋다. 현재는 제대로 된 온라인 커리큘럼이 드물지만, 인터넷 및 검증된 교재를 통해 날마다 2~3시간씩 아이와 함께 4년 정도 공부를 하면 아이의 영어 실력이 현저히 늘 것이다. 그러나 이때는 반드시 부모의 노력이 전제되어야 한다. 엄마나 아빠가 선생님이 되는 만큼, 부모의 의지력과 규칙적인 학습 자세가 따라주어야 아이의 영어 실력도 늘 수 있다.

내가 아는 가족 중에 '온가족 영어 공부' 가족이 있다. 비싼 학원에 보낸 딸아이가 영어 진도를 제대로 따라잡지 못하자, 어느 날 아빠가 가장 먼저 먼지 풀풀 날리는 옛날 교재를 꺼내 들고는 주 3회씩 딸아이를 직접 가르치면서 공부하기 시작했다. 그러자 맞벌이를 하는 엄마가 영어 공부까지는 도저히 무리라고 생각해서 어느 날 아들을 앉혀놓고 이렇게 말했다고 한다.

"우리 아들 덕에 엄마도 해외여행 가서 영어 좀 해보자. 그러니 이제 네가 엄마한테 매주 토요일마다 영어를 가르쳐줘라. 대신 내가 매달 이만 원씩 교육비 낼게."

그렇게 아빠는 딸을 가르쳤고, 엄마는 아들한테 영어 과외를 받으면서 이 집 아이들은 영어에 흥미를 붙이기 시작했고 급기야 '온 가족 영어 공부' 가족이 되었다.

이처럼 온 가족이 함께 영어 공부를 할 때 아이는 확연히 달라진다. 아이한테 "공부해라, 공부해라" 얘기하기 전에 부모가 먼저 공부하는 태도를 항상 보여야 한다. 그러면 아이는 자연스럽게 그 행동을 따라 하게 된다. 또한 엄마를 가르치면서 아이는 보람과 자부심을 느끼고, 가르치면서 자기 것으로 더 확실히 익히게 된다.

또 하나 꼭 잊지 말아야 할 사실은 매일매일 하는 학습효과가 무섭다는 것이다. 엄마 아빠가 함께 영어 공부를 시작했다면, 하루아침에 모든 것을 이루려는 성급함을 버리고 성실한 태도로 매일매일 꾸준히 이어나가야 한다. 엄마 아빠가 중간에 그만둬버리면 오히려 아이는 그런 부모를 보고 '포기'를 배우게 될지도 모른다.

아이는 부모의 거울로 자기도 모르게 엄마 아빠의 말과 행동, 생활습관을 따라 하게 마련이라는 것을 꼭 기억하자. 좋은 말과 행동을 가진 부모 밑에 좋은 생활습관을 가진 아이도 나오는 법이다.

| 삼위일체 몰입식 영어학습법의 효과 |

아이가 영어를 못한다면 그것은 결코 아이의 탓이 아니다. 아이를 받쳐줄 커리큘럼과 선생님의 부재, 그 외의 다른 환경적 문제들이 요인이다. 다소 외람될 수 있으나 나는 "누구든 아이를 내게 데리고 오면 영어를 잘하게 만들 수 있다" "아이가 영어를 못하는 것은 일차적으로 부모님께 원인이 있다"라고 말한다.

내 지난 4년간의 경험으로 아이에게 영어의 중요성을 일깨워주고 독려하고, 강한 동기부여를 해주고, 체계화된 몰입식 프로그램으로 날마다 열정적으로 가르치면, 그 어떤 아이도 영어의 세계에 푹 빠져들 수 있음을 확신할 수 있었기 때문이다.

삼위일체 몰입식 영어는 각자가 부족할 수 있는 부분을 보완할 뿐 아니라, 이 세 가지의 환경이 또 다른 시너지를 만들어낸다는 점에서 아이를 탄탄한 영어 환경 속으로 발 들이게 만드는 최상의 방법이다.

사실 엄마들로서는 아이에게 영어 공부를 제대로 시키는 것이 쉽지 않다고 생각한다. 물론 그것도 현실적으로 사실이지만, 부족하다면 배우고 채우면 된다. 요즘은 엄마의 노력과 정보력이 아이의 미래 경쟁력이라고 하지 않는가. 그런데 문제는 더 나은 환경을 어떻게 만들어줄지 알아보려 노력하지 않는 것이다. 그보다 더 큰 문제는 아예 시작하지도 않는 것이다. 영어는 하루라도 빨리 시작하고 장기적으로 가져가야 한다. 내 아이의 영어 실력은 내일이 아닌 바로 '오늘'에 달려 있음을 기억하자.

초등 영어를 놓쳤다면?

때때로 초등학교 시절을 놓치고 중학생이 되어서 내 사무실을 찾아오는 아이들이 있다. 사실상 중학생들은 언어 습득에 가장 효과적인 시기가 지났을 뿐만 아니라 입시경쟁이 시작된 상황이라 부모가 내신 성적 올리기에 급급하는 경우가 많다. 따라서 영어의 기초체력을 늘리기가 현실적으로 쉽지 않다. 초등학교 고학년, 그리고 중학생이 부모님과 찾아올 경우 내가 요구하는 것은 딱 한 가지다.

"단기간에 성적 올리는 것은 기대하지 마십시오. 시간을 2년 정도 주시면 학생의 영어 기초실력을 제대로 키울 수 있습니다. 영어는 궁극적으로는 기초실력의 싸움입니다. 물론 시험 준비 테크닉도 필요하지만 기초실력이 부족하면 테크닉 가지고는 성적이 안 나오는 과목이 영어입니다."

영어 실력이 떨어지는 중학생을 단기간에 족집게 식으로 공부시키면 당장 학교 성적이 약간 오를지는 모르지만 기초가 허약해서 다시 고전하게 될 것이 뻔하기 때문이다. 그래서 나는 이런 중학생들에게는 최소 2년 정도 몰입 교육을 강도 높게 할 것을 반드시 요구했다.

실제로 중학생들의 경우 영어 실력이 떨어지면 인지능력과 언어능력의 불일치가 심해 어려운 점이 많다. 중학생들은 나이가 많아서 지적 수준은 어느 정도 성숙했지만 영어 실력이 부족하니 교재나 커리큘럼을 고를 때, 인지 능력에 맞는 영어교재는 너무 어렵고 영어 언어 능력에 맞는 교재는 너무 유치하다고 느끼는 것이다. 이렇게 되면 미국 교과서와 미국 커리큘럼 위주로 진행하는 원어민 중심의 ESL 몰입 교육,

즉 제2외국어적인 접근이 어려워진다.

실제로 중학생들을 가르쳐본 결과, 일부를 제외하고는 실력이 많이 떨어지는 중학생들은 지속적으로 미국식 영어 수업을 시키기가 어려웠다. 이런 아이들은 특목고 등에 도전하기에는 사실상 어려움이 많다.

그러나 실력이 부쩍 늘어 상당한 향상을 보인 아이들도 있었는데, 그런 학생들은 집중 몰입 교육을 통해 효과를 본 경우였다. 주로 그 어머니들이 뚜렷한 소신을 갖고 아이에게 2~3년간 주 5회 몰입 교육을 매일 2시간씩 시키고, 방학마다 추가 보강하는 것을 참고 기다려주었기에 가능했다. 이 어머니들은 문법 위주의 내신형 영어 교육보다는 아이의 영어 기초체력을 더 중시하는 용기를 보여주었다. 그리고 흔들리지 않는 소신으로 2년 동안 집중교육을 꾸준히 시켜 아이의 영어 기초실력을 올리자는 데 동의했던 분들이었다. 또한 영어 능력이 떨어진다 해도 쓸데없는 자존심을 버리고 자기의 수준에 맞춰 기초부터 열심히 하는 아이는 몰입 교육을 통해 분명히 좋은 성과를 볼 수 있었다.

영어 실력이 떨어지는 중학생이나 초등 고학년의 경우 커리큘럼이 제대로 갖춰졌다는 전제하에 제대로 영어를 배우려면 다음의 조건이 필요하다. 첫째는 아이를 장기적인 안목으로 기다려주는 엄마의 노력이다. 둘째는 강도 높은 수업을 무리 없이 끌어갈 수 있는 엄하고도 열성적인 선생님이다. 셋째는 자기 수준에 맞춰서 열심히 하려는 학생의 태도, 아직 늦지 않았다는 학생의 믿음과 강한 동기부여이다.

그렇기는 하나, 대체로는 중학생부터는 원어민 영어 교육이나 몰입 교육을 통해 기초체력을 키워나가기에는 너무 늦은 감이 있으니, 반드시 초등 1학년부터 영어 공부를 체계적으로 시켜야 할 것이다. 그래야만 훌륭한 영어 실력이 전제가 되는 특목고 진학이나 기타 엘리트 코스 진학 또한 쉬워진다. 이 사실을 꼭 잊어서는 안 될 것이다.

Key Point
이것을 꼭 기억하세요!

1. 커리큘럼과 학습 방법, 부모와 선생님의 지도는 아이의 영어 교육에서 빠질 수 없는 3대 조건이다. 아이를 탓하기 전에 우선 이 체계가 잘 잡혀 있는지, 보완할 부분은 없는지 반드시 고려할 필요가 있다.

2. 체계적이고 흥미로운 커리큘럼은 아이의 뼈대를 세우는 매일 먹는 식단인 만큼 선정과 실행에 있어 충분한 주의가 필요하다.

3. 좋은 커리큘럼을 가장 훌륭하게 진행하려면 첫째는 소그룹 위주로(4~6명 정도) 날마다(주 5~6회) 2시간 이상씩, 둘째는 정기적인 피드백, 마지막으로 아이의 지능 적성을 고려한 맞춤 학습 방법 등 세 가지 조건이 필요하다.

4. 영어학습 시기가 늦었다면 남들보다 많은 양을 거북이걸음으로 꾸준히 해나가려는 의지와 기다림이 필요하다. 늦을수록 장기전으로 계획을 세우고 조급함을 버리되 집중 투자하는 강도 높은 프로그램이 필요하므로 특히 동기부여가 중요해진다. 단, 늦게 시작해도 충분히 좋은 결과를 얻을 수 있으니 자신감을 갖고 집요하게 노력하자.

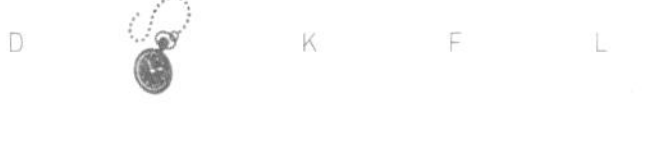

04

몰입식 커리큘럼의 다섯 가지 핵심

그렇다면 몰입식 커리큘럼은 어떤 뼈대로 진행될까? 어떤 공부든 중요한 뼈대를 습득하고 진행하지 않으면 다른 길로 빠지거나 시간을 낭비하기 쉽다.

내가 많이 받는 질문 중에 하나가 바로 이제 막 초등학교에 들어간 아이에게 어떻게 영어를 가르쳐야 하느냐는 질문이다. 즉 어떻게 시작하고 진행할지 막막하다는 것이다. 어떤 엄마는 곧바로 아이를 학원에 보내서 집중교육을 시키는 것이 낫다고 생각하는 반면, 어떤 엄마는 유치원에서 했던 것과 비슷한 방식으로 집에서 영어 공부를 시키기도 한다. 사실 나는 이 두 가지 방법 모두 어느 정도 결함이 있다고 생각한다.

먼저 학원을 보자. 우리가 학원에 아이를 보내는 것은 '비싼 사교육비'를 지불하기 위해서가 아니라, '체계적인 커리큘럼'에 아이를 맡기기 위해서이다. 그런데 앞에서도 말씀드렸듯이, 한국의 많은 영어학원 체인들이 자체 콘텐츠로 돈을 벌고 있는 실정이다. 그러니 커리큘럼도 건조하고 부족한 부분이 생겨날 수밖에 없다.

따라서 초등 시절 아이의 영어 실력을 현저히 향상시키고 싶다면 한국식으로 가르치는 유명 브랜드 체인 학원보다는, 스토리북을 많이 읽히고 자연스레 단어와 듣기 환경을 강조하는 커리큘럼을 활용하는 교육기관이 훨씬 더 효과적이다.

그런가 하면 집에서 공부를 시키는 경우는 어떨까? 아이가 초등학교에 들어가면 엄마 마음은 바빠지게 된다. 아이가 유치원을 다닐 때까지만 해도 엄마가 할 일은 사실 많지 않고 영어학습도 단순한 노출에 가깝다. 하지만 아이가 초등학교에 들어가게 되면 그때부터 이야기는 달라진다. 초등학교 1학년 때부터는 읽기/듣기/말하기/쓰기 4대 영역에서 영어의 기본기를 갖추어 나가기 시작해야 하므로 영어학습 방법도 달라져야 한다. 그리고 이 시기에 커리큘럼이 체계적이지 못하면 읽기/듣기/말하기/쓰기 등 영어의 4대 영역에서 실력이 골고루 늘기가 어렵다. 따라서 중요한 것은 무조건 학원에 맡기기보다는, 아이에게 적절한 커리큘럼을 학원과 엄마가 동시에 '매일같이' 병행해주는 노력이 필요하다.

이 체계적인 커리큘럼에 대해서는 PART 4에서 자세히 다루기로 하고, 여기서는 간결하게 학원의 커리큘럼과 비교해보고 엄마 스스로도 실행해볼 수 있는 구체적 '커리큘럼 공부의 핵심 다섯 가지'를 소개하겠다.

| 커리큘럼은 반드시 일주일 단위로 리스트를 작성하라 |

본격적인 영어학습의 첫 걸음은, 주말마다 엄마와 아이가 함께 다음 주에 공부할 영어책 진도를 정해서 적는 것부터 시작한다. 사실 이 방식이 익숙지 않은 엄마와 아이 모두 처음에는 어느 정도 부담을 가질 수 있다. 하지만 다음 페이지에 나오는 예시를 따라서 'Weekly Lesson Plan'을 세운 후 진도에 맞게 영어를 가르치면, 매일 매일 체계적이고 효율적으로 영어학습을 시킬 수 있다.

설사 이 계획대로 다 되지 않더라도 다음주 Weekly Lesson Plan을 또 세워서 계속 앞으로 앞으로 가보라. 그러다 보면 아이의 영어 실력이 어느 날 부쩍 늘어나 있는 것을 발견하게 될 것이다. 중요한 것은 계속해서 Weekly Lesson Plan을 세우고 그것을 지키려고 노력한다는 것이다.

일주일 단위로 커리큘럼을 작성할 때 부딪힐 수 있는 몇 가지 문제들도 있다. 아이들 중에는 매일같이 조금씩 하는 것을 편하게 여기는 아이가 있는가 하면, 2~3일치를 하루 만에 하는 아이들도 있는데 가능한 한 매일같이 조금씩 하는 게 좋다. 아이가 그 패턴을 힘들어한다면 2~3일에 한 번씩 적절한 시간을 배분하되, 아이가 그 패턴에 익숙해지고 적절한 효율을 올릴 수 있도록 엄마가 감독할 수 있어야 한다.

: 예시 : 초등 3학년 Level 3의 경우 :

Weekly Lesson Plan			
필수단어	필수문장 문법	읽어야 할 책	듣기 연습
30개 (스토리북에 나오는 단어들을 모두 찾아서 일주일 동안 쓰면서 외우기)	• Essential Grammar의 Unit 10~11 끝내기 • 하루에 한 문장 쓰고 해석하기 -월요일 I run. -화요일 I like banana. -수요일 My mother is a nurse.	책 이름 -《Even Steven and Odd Todd》	날마다 읽어야 될 스토리북을 2번씩 듣기

이때 아이와 실랑이를 하게 되는 경우가 많은데, 절대로 아이들을 감정적으로 대해서는 안 된다. "너 왜 그거 안 했어?" 하고 목소리를 높이는 순간, 아이는 영어에서 한 걸음 더 멀어진다. "어머, 영어 공부 빠뜨렸네, 우리 DJ. 자, 우리 함께 공부하자. 끝나면 천 원 줄게." 내 조카 DJ는 용돈 준다는 말에 억지로라도 영어책을 꺼내든다. 이처럼 엄마가 아이에게 짜증 내지 말고 살짝 얼러주면서 긍정적인 보상을 내세워 공부를 유도해보자. 물론 정 말을 안 들으면 정색을 하고 크게 혼내거나 눈물로 호소하는 극단적인 방법도 있다. 하지만 아주 가끔, 그리고 최후의 수단으로 써야 한다.

아이를 매일같이 영어와 친해지게 하는 가장 좋은 방법은 아이와 함께 엄마도 하루에 한두 시간 영어 공부를 하는 것이다. 아이들은 단순해서 엄마가 하는 대로 따라 한다. 다시 말해 공부하지 않는 엄마 밑에서는 아이도 공부를 안 한다는 뜻이다. 일주일 커리큘럼을 짰다면 엄마가 배의 선장이라고 생각하고 아이를 끌어가려는 노력이 절대적으로 필요하다.

한 엄마는 스스로 영어 공부를 할 자신은 없고, 그런데도 아이 혼자 공부하게 놔두기는 미안해서 내가 조언해준 대로 아이에게 이렇게 말했단다. “네가 열심히 해서 엄마도 좀 가르쳐줄래?” 그러자 놀랍게도 아이는 그때부터 자기가 공부한 것을 엄마에게 하나씩 가르쳐주기 시작했다고 한다. 발음 하나까지 따지고 드는 아이에게 뭐 그렇게 성가시게 구냐고 핀잔을 주었더니 아이가 이렇게 말하더라는 것이다. “거봐, 엄마도 힘들지? 이제 내가 영어 공부하느라 얼마나 힘든지 알겠지?”

그 말에 엄마는 킥킥 웃고, 아이와 힘든 걸 나누는 마음으로 더 열심히 아이에게 가르쳐달라고 졸랐단다. 덕분에 아이는 그날 배운 내용들을 가르칠 수 있을 만큼 열심히 공부해 영어 실력이 훌쩍 늘었고, 엄마와 더 친밀하고 좋은 공부 친구가 될 수 있었다고 한다. 고통을 함께 나누는 사람들은 묘한 동지애 같은 것이 생겨 더욱 친해진다. 아이의 영어 공부 고통을 함께 나누며 ‘우리는 하나’라는 생각을 심어주도록 하자. 그렇게 아이와 친해지다 보면 나중에 아이가 비밀도 함께 나누려 할 것이고, 엄마를 친구로 둔 아이는 청소년이 되어도 절대 일탈하는 일이 없을 것이다. 아이의 영어 공부 내용, 좋아하는 게임, 좋아하는 노래 등에 관심을 갖고 함께 해보자.

| 스토리북을 활용해 단어 실력과 읽기 능력을 키우자 |

단어와 읽기는 초등학생들의 영어학습을 높이는 중요한 베이스이다. 엄마가 집에서 손쉽게 아이의 단어와 읽기 능력을 신장해줄 수 있는 방법이 있다. 미국 엄마들도 아이들에게 영어를 가르칠 때 일상적으로 하고 있는 영어 스토리북 읽기다. 먼저 읽을 책 리스트를 작성한 뒤, 책 한 권 한 권마다 단어 리스트를 작성한다. 이렇게 하면 읽기와 동시에 중점적인 단어를 가려낼 수 있다. 그런 다음 매주마다 아이의 속도에 따라 하루에 3개에서 7개, 즉 일주일에 20개에서 최대 50개의 단어를 외우게 하면 된다. 아이가 이런 시스템에 어느 정도 익숙해지면, 스토리북을 읽은 뒤 직접 CD로 듣고 해석하는 방법도 써보자.

이 책의 PART 4에서는 이 시기 필요한 아이들의 영어 동화책 리스트를 정리해놓았다. 그것을 예시로 내용과 난이도가 비슷한 책들을 CD나 테이프와 함께 구매하면, 집에서 단어 공부도 하고 읽고 해석하거나 듣기 연습을 하면서 영어의 기초실력이 아주 튼튼해질 수 있다. 예를 들어 초등학교 3학년 학생의 부모님이라면 PART 4의 레벨 3 리딩 리스트에 소개되어 있는 《Owl at Home》《The Smallest Cow in the World》 등의 책을 오디오 세트로 구입해서, 부모님이 본문 중에서 직접 단어를 골라 단어 리스트를 만들어보라.

이렇게 아이가 일주일에 20~50개의 단어를 외우는 것이 습관화되면 단어 시험도 되도록 재미있게 보도록 하자. 그런 다음 이 책을 함께 읽고 해석하면서 듣기 연습을 하면, 자녀의 영어 기초실력이 튼튼해지는 것은 물론이고 부모님의 영어 실력도 함께 늘 수 있다.

문법은 영어문법 교재와 영어문장 만들기로 익혀라

우리가 국어를 배울 때를 생각해보자. 처음에는 간단한 기초만 배우다가 나이가 어느 정도 들면 좀 어려운 문법들도 척척 소화해내게 된다. 그때는 문법을 줄줄 외워서라기보다 문장을 읽고 쓰면서 점차 실력이 는 것이다. 영어도 이와 크게 다르지 않다. 아이가 초등 3학년이 넘어서면 《Essential Grammar in Use》 시리즈(기초, 중급, 상급) 중에 가장 기초적인 내용부터 익히는 것이 좋다.

《Essential Grammar in Use》 시리즈는 명료한 예문과 따라 하기 쉬운 연습 문제 형식으로 구성되어 영문법 공부를 도와준다. 하나씩 풀어가면 재미도 있고 초급 수준의 학생들이 필요로 하는 문법의 전 영역도 놓치지 않는다.

이 책은 왼쪽 페이지에는 간략한 설명이 있고, 오른쪽 페이지에는 연습문제가 있는 두 페이지 학습으로 구성되어 있다. 일주일에 두세 번, 한 편이나 두 편씩 풀고 부모님이 해답을 체크하면 6개월 정도면 끝난다.

이 책의 또 하나 좋은 점은 문법을 설명조로 이야기하는 것이 아니라 영어 문장 속에서 문법이 설명되는 구조라는 것이다. 아이가 영어 문장을 쓰면서 자연스럽게 문법까지 익힐 수 있어 날것 대신 맛있게 익힌 문법 공부를 할 수 있다.

《Essential Grammar in Use》 기초과정은 3학년, 중급과정은 4학년, 고급과정은 5학년 정도에 마치는 것이 좋다. 굳이 이 교재가 아니라도 문법 공부는 자연스럽게 구문을 익혀가는 과정에서 이루어진다는 점을 기억하고 적합한 교재를 선택해 차근차근 해나가면 된다.

| 고등문법과 긴 책을 술술 읽어내면 영어 에세이에 도전하라 |

우리가 국어를 배울 때도 아이들의 국어 실력이 어느 정도 되면 일기나 문장 쓰기에 들어선다. 아이가 처음 쓴 일기는 문장도 정확하지 않고 산만하지만, 계속 써나가다 보면 어느새 논리적인 구성도 되고 우리말 실력도 더욱 늘게 된다.

영어 에세이 쓰기는 초등 영어 공부에서 가장 고급 부문이라고 할 수 있다. 단순히 문장만 따라 쓰기보다 아이가 생각한 바를 표현하려면 단순히 영어 문장을 만드는 수준에서 벗어나 논리적인 사고를 하는 법, 그리고 사고를 체계적으로 표현하는 법을 동시에 익혀야 한다.

따라서 영어 에세이 쓰기는 영어 단어 실력과 읽기, 문법이 어느 정도 궤도에 오른 후에야 비로소 가능하다. 그리고 한국어로 일기를 쓸 때와 마찬가지로 처음부터 너무 어려운 주제를 잡기보다 우선은 짧은 단락 쓰는 연습부터 시작하는 게 좋다.

예를 들어 일기는 '그날 하루'에 있었던 핵심 문장에서 시작해 거기에 대한 이야기들을 계속 이어가는 것이다. 영어 에세이 단락 쓰기도 이와 마찬가지로 그 핵심문장을 뒷받침하는 내용들을 하나하나 펼쳐내는 쓰기 공부법이다. 주제는 아이가 흥미 있어 하는 것이면 무엇이든 좋다. 너무 짧거나 문법이 틀렸다고 해도 너무 괴롭히지 말고 그날의 단락을 읽어가며 단어와 문법을 수정하고 보완하면 된다. 그리고 무엇보다 좋은 글은 형식을 잘 갖춘 글이 아니라 그 사람의 솔직하고 진솔한 마음이 담긴 글이다. 그 속에서 감동도 나온다. 그러니 평소에 에세이 쓰기로 아이의 솔직한 생각을 담아내는 훈련도 함께 시키도록 하자.

: 영어 에세이를 쓰기 위한 준비 단계 :

1단계: 문법적으로 맞는 영어 문장 쓰기

▼

2단계: 여러 문장을 이어서 쓰는 독후감이나 자기소개 등을 쓰는 단계

▼

3단계: 핵심문장(key sentence)으로 시작하는 제대로 된 패러그래프 쓰기

▼

4단계: 에세이 작성을 위한 논리적인 아웃라인(outline) 만드는 연습

▼

5단계: 영어 에세이 작성 연습

| 고급 영어를 선물하고 싶다면 인풋과 아웃풋을 고려하라 |

언젠가 텔레비전을 보는데 우리나라의 유명 배우가 영어로 인터뷰하는 것을 본 적이 있다. 그 배우는 처음 몇 마디는 잘 대답했지만, 나중에 복잡한 설명이 요구되자 갑자기 한국말로 바꿔서 인터뷰를 진행했고 번역된 자막이 동시에 떴다. 그것을 보면서 '아, 안타깝다. 저 정도면 연습을 많이 한 건데, 정말 중요한 내용은 말하지 못하는구나. 영어 공부를 좀 더 장기간에 걸쳐서 체계적으로 했더라면……' 하는 아쉬움을 느꼈다.

한류 스타가 해외에 진출하면 반드시 영어가 필요하므로 분명 트레이닝을 받았을 텐데, 그들의 수준에 맞춘 체계적인 영어학습을 하지 않

았기 때문에 나타나는 현상이다. 스토리 읽기부터 시작해서 기본 어휘력을 제대로 갖추지 않고 해외 진출을 위한 단기간의 일상회화 연습에만 몰두한 결과이다. 적절한 표현을 찾고 만들어내는 고급 영어를 구사하기 위한 단어와 기본 문장 구성 능력, 즉 인풋과 아웃풋에 대한 훈련이 모두 절대적으로 부족한 탓이다.

영어 인터뷰를 잘하려면 영어 실력 자체가 많이 늘어서 영어 단어를 자유롭게 구사하고 다양한 질문을 이해하고 그에 맞게 적절히 대답할 수 있어야 한다. 영어 실력 향상은 춤추기 연습이나 노래 연습이나 영어 대사 외우기처럼 단기간 집중훈련으로 가능한 프로젝트가 아니다. 2400시간 노출을 목표로 장기전으로 밀고 나가야 하는 프로젝트다.

어떤 사람이 영어 하는 것을 듣다 보면 "어, 저 사람 영어 실력이 상당하네" 하고 놀라게 되는 경우가 있다. 고급 영어를 구사하기 위한 조건은 여러 가지가 있다. 이를테면 질문에 대해 핵심 내용만 간결하게 표현하기, 정확한 문법, 좋은 발음 등등이다.

그러나 가장 간단하게 파악하는 방법 중에 하나가 그 사람이 사용하는 어휘력, 즉 단어와 표현력이다. 이를테면 누군가에게 감사를 표현하는 것도 단순히 "Thank you"만 있는 것이 아니라 "I appreciate~"도 있을 수 있다. 무언가를 기대한다는 표현도 'look forward, am excited to see' 등처럼 다양하다. 그런가 하면 시류에 따라 등장하는 여러 전문 용어들과 어순 바꾸기 등도 고급 영어의 특색이다.

그렇다면 이런 단어 응용 실력은 어디서 나오는 것일까? 쉽게 말해 고급 영어의 기본은 바로 인풋의 힘이다. 여기서 말하는 인풋이란 읽기, 어휘력, 듣기 등의 베이스를 복합적으로 풍부하게 활용하는 것이다. 이 인풋 없이는 결코 좋은 영어의 아웃풋이 나오기 어렵다. 회화만 잘해서는 부족하므로 많은 책을 읽고 많은 단어를 외우고, 그것을 기반으로 듣기와 말하기를 연습해야 제대로 된 영어 실력을 쌓을 수 있다.

이제는 국제적인 연예인이 되려고 해도, 해외구단에서 스포츠 선수로 뛰려고 해도, 영어 공부를 제대로 하지 않으면 안 된다. 영어의 무수한 입력 요소(단어, 읽기, 듣기)를 기반으로, 점차적으로 출력 요소(말하기, 쓰기)의 구성력을 키워나가야 할 것이다. 그리고 영어의 입력 요소는 하루 하루 쌓을 때는 언제 될까 싶지만, 그게 다 영어의 피가 되고 살이 되어 어느 순간 위력을 발휘하게 될 테니 의심하지 말고 다소 무식하다 싶을 정도로 계속하는 것이 중요하다.

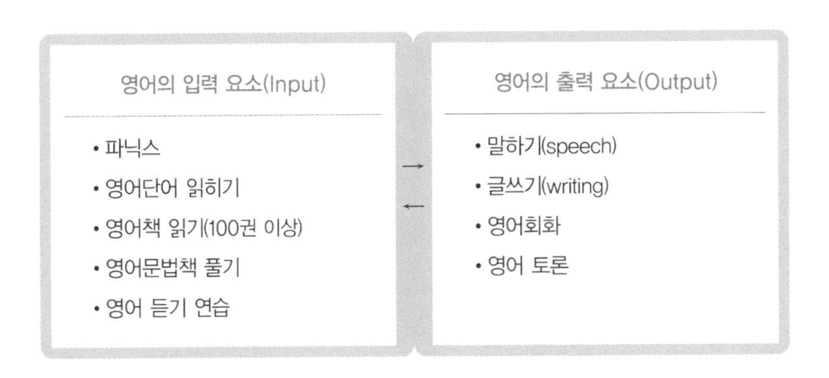

예를 들어 영어 CD를 들을 때도 스토리를 읽으면서 관련된 단어를 반드시 외우고, 그것을 기반으로 스토리 듣기를 병행하고, 그러면서 그 주제에 관한 말하기도 함께 하는 복합적인 방법을 사용해야 한다. 그렇

게 몇 년이 지나고 나면 마지막 순서로 영어 에세이를 작성하고 말을 하게 되면서, 더욱 향상된 아웃풋을 경험할 수 있게 된다.

결론적으로 제대로 된 영어학습, 고급 영어를 구사하려면 회화 읽기처럼 어느 한 가지 영역에 국한되지 말고 다양한 인풋을 경험해야 하며, 그 과정에서 아웃풋 연습도 함께 해야 한다.

| 하루에 한 문장씩, 주말에 체크하라 |

영어도 다른 외국어와 마찬가지로 쓰기가 제일 어렵다. 하지만 뒤집어 생각해보면 좀 더 다르게 볼 수 있다. 장문의 편지나 에세이도 모두 '한 문장'을 바탕으로, 그 한 문장들이 이루어져 만들어지기 때문이다.

영어 쓰기를 시작하면 일단 노트를 하나 준비한다. 그 노트에 스토리북 읽기를 하면서 간단한 문장 하나씩을 골라 하루에 하나씩 쓰게 하는 것이다. 그리고 주말에는 이렇게 쓴 일곱 문장을 검토하면 한 달에 49개의 문장을 쓸 수 있고, 1년에는 노트 몇십 장에 달하는 365개 문장을 쓸 수 있게 된다.

참고로 이 '하루에 한 문장 쓰기'는 논리적이고 유기적인 글쓰기라기보다는 기술적인 연습에 가깝다. 따라서 그다음 학년으로 올라가면 아예 영어 동사를 하나 주고 하루에 두 문장씩 쓰게 해서 1년에 730문장, 좀 더 고급 영어로 발전하면 'work' 등의 영어 동사를 주고 과거/현재/미래/현재완료/과거완료/미래완료 등으로 시제를 변형하면서 문장을 만들어보게 하는 것도 좋다.

이렇게 꾸준히 문장을 써나가다 보면 어느새 논리적 구성을 갖춘 영어 에세이도 쓸 수 있게 된다. 하루에 한 문장 두 문장을 쓰는 습관이 모여 훌륭한 영어 에세이도 쓸 수 있다는 것을 꼭 기억하자.

Key Point

이것을 꼭 기억하세요!

1. 커리큘럼 진행의 기본은 주 7회, 즉 날마다 공부하는 것이며, 가장 훌륭한 동기부여는 아이와 함께 엄마도 하루에 한두 시간 영어 공부를 하는 것이다.

2. 모든 언어의 기본은 많은 책 읽기에서 시작된다는 점을 기억하고 전반적인 실력이 향상될 때까지 꾸준히 스토리북을 읽혀나가자. 단어 외우기는 일주일에 20~50개가량이 적합하다.

3. 영어 문법은 암기가 아니다. 영어로 읽고 영어로 쓰는 교재로 구문을 익혀가는 과정에서 자연스럽게 이루어져야 한다.

4. 영어 쓰기를 자주 하면 논리적 사고가 길러진다. 어릴 때는 문장 따라 쓰기를 하다가 수준이 올라가면 단락 쓰기를 해보자. 이 단락 쓰기가 숙달되면 영어 에세이에 도전할 수 있게 된다.

5. 고급 영어를 사용하려면 입력량, 즉 인풋이 풍부해야 한다. 영어의 입력 요소와 출력 요소를 고려하되 입력 요소에 주안점을 두자.

아이마다 영어를 배우는 속도와 패턴이 다르다

D K F L S K A P W

01

E C K J K M C Z Q

P W E O R I X F J

내 아이의 MI(다중지능)를 알면 영어학습법이 보인다

E K W K D F L

D J F L S P Q

아이를 영어학원에 보냈는데 왠지 다른 아이들보다 진도가 뒤처진다는 생각이 들 때, 엄마들은 "넌 왜 그렇게 다른 아이보다 느리니?" 라고 나무라기부터 한다. 그리고 '우리 아이는 머리가 나쁜가……' 라는 걱정을 하는 경우가 많다.

그러나 결론부터 말하면 이것은 절대로 머리가 나쁘고 좋고의 문제가 아니다. 사람은 각자 다른 재능과 지능을 타고나므로, 아이마다 강하게 타고난 지능이 있는가 하면 약하게 타고난 지능이 있다. 어떤 아이가 어릴 때부터 수학에 소질을 보인다면, 어떤 아이는 그림을 잘 그리거나 피아노를 잘 친다. 마찬가지로 영어를 빨리 배우고 잘 따라오는 아이가 있는가 하면, 영어를 배우는 속도가 느려서 잘 못 따라오는 아이도 있다. 이 각 분야에서의 지능지수를 보여주는 지표가 MI(다중지능) 평가표이다.

나는 지난 4년간 영어교육센터를 운영하면서 아이들마다 영어를 받아들이고 배우는 속도와 패턴이 각각 다르다는 것을 누구보다 잘 알 수 있었다. 주 7회 몰입 교육이 잘 맞는 학생들이 있는가 하면 진도보다 늘 앞서가는 학생들도 있고, 학습 속도가 좀 느린 학생들도 있는 등 학생들마다 다양한 학습 편차가 나타났다.

이는 주로 아이들의 타고난 MI(다중지능) 패턴과 지적인 발달 속도, 기타 성향 때문으로 적절한 보완을 통해 제대로 된 학습 방향을 잡아주자, 대부분은 어려움을 극복하고 상당히 높은 수준의 영어 실력을 갖출 수 있었다.

9가지 MI

앞에서도 말씀드렸는데 다시 한 번 정리하면, MI(Multiple Intelligence, 다중지능)는 하버드 대학의 교육학과 교수인 가드너 박사가 주창한 지능 개발에 관한 이론이다. 인간의 지능은 IQ테스트처럼 객관적으로 측정할 수 있는 하나의 지능이 아니라 여러 가지가 있으며, 이 모든 지능은 계발 여하에 따라 달라질 수 있다는 이론이다.

이러한 MI 이론에서는 논리수리지능, 언어지능, 대인관계지능, 공간지능, 음악지능, 신체지능, 자연탐구지능, 자기이해지능 등 8가지 지능을 기초로 한다. 필자는 이 8가지 지능에 봉사지능과 감각지능을 추가해 10가지 MI를 주장하고 있다. 하지만 사회생활에서 자기이해지능은 누구에게나 필요한 것이므로 여기서는 이 지능을 제외한 나머지 9가지 핵심 지능에 대해 살펴보기로 하겠다. 개별 MI에 대한 간략한 설명은 아래와 같다.

1. 논리수리지능형

논리수리지능이란 논리적인 문제나 수학, 과학 문제들을 풀어가는 과정에서 발휘되는 능력을 말한다. 논리수리지능이 높은 아이는 논리적 사고력, 수학적 사고력, 수리력이 발달되어 있어 논리적 과정이 들어가는 문제 해결이 빠르고 추론을 잘 이끌어낸다. 비단 시험문제나 공부에서뿐만 아니라 작은 문제에 부딪혀서도 체계적이고 과학적인 방법을 통해 문제를 파악하는 것을 좋아한다. 대체로 숫자에 강하고 차량번호나 전화번호 등을 잘 기억하는 경향이 많다.

2. 언어지능형

언어지능은 단어의 소리, 리듬, 의미에 대한 감수성이나 언어의 기능에 대한 민감성 등과 관련된 능력이다. 모국어를 조리 있게 말하는 능력, 외국어를 잘하는 능력, 글을 잘 쓰는 능력 등이 모두 이 언어지능에 포함된다. 어휘구사 능력이 뛰어나서 같은 사물과 대상을 봐도 그것을 표현하고 의사소통하는 능력이 뛰어나다. 국어뿐만 아니라 영어 같은 외국어도 남들보다 빨리 배운다.

3. 대인관계지능형

대인관계지능이란 다른 사람들과 교류하고 그들의 감정과 행동을 이해하며 적절히 대처하는 능력이다. 여기에는 다른 사람의 감정을 읽고 특징을 파악해서 대응하는 능력, 친화력, 커뮤니케이션, 듣기 능력이 모두 포함된다. 대인관계지능이 뛰어난 사람들은 다른 사람들의 표정이나 음성, 몸짓 등 대인관계에서 나타나는 여러 가지 신호들도 잘 읽어낸다. 따라서 다른 사람의 기분이나 감정을 잘 파악하고 이에 대처하는 능력도 뛰어나다. 그런 만큼 인간관계를 매우 잘 끌어갈 수 있으므로 사회적으로 성공할 가능성도 높다.

4. 공간지능형

공간지능은 눈으로 보는 삼차원적인 공간 세계를 정확하게 이해하고 변형할 수 있는 능력이다. 이 지능은 입체적인 공간에 대한 인식 정도와 관련되어 있는 만큼 공간 지각력, 기계 조작 및 신체 관련 공간지각력, 삼차원적 구현 능력 및 심미안적 능력을 포함한다.

공간지능이 뛰어난 사람들은 색깔, 모양, 공간, 형태 등의 관계를 민감하게 파악하고, 그림 혹은 3차원 공간을 창조적으로 변형시키는 능력이 뛰어나다.

5. 음악지능형

음악지능은 리듬, 멜로디, 음색 등을 다양하게 만들고 평가할 수 있는 능력이다. 구체적으로 절대음감, 음악 창조 능력, 악기나 목소리 사용

능력, 작곡 능력 등을 모두 포함한다. 음악지능이 뛰어난 사람은 소리, 리듬, 진동과 같은 음의 세계에 민감하고 음악적 유형을 잘 구별할 수 있으며, 한 가지 음악 유형을 다른 음악 형태로 변형시키는 능력도 뛰어나다.

6. 신체지능형

신체지능이란 자기 몸을 통제하고 운동, 균형, 민첩성 등을 조절하여 사물을 재주 있게 다루는 능력이다. 구체적으로 손재주, 체력, 댄스나 운동 실력에 대한 잠재력 등을 모두 포함한다. 신체지능이 높은 사람은 생각이나 느낌을 몸동작으로 표현하는 능력과 몸의 균형감각이 뛰어나다. 또한 촉각이 다른 사람들에 비해 발달되어 있어 손재주가 있다는 말을 많이 듣는다.

7. 자연탐구지능형

자연탐구지능은 자연현상을 파악하고 분류하는 능력으로 자연환경에 대한 전반적인 이해 능력이나 친화력, 동물 연구 및 해부에 대한 적응 능력 등을 모두 포함한다. 자연탐구지능이 높은 사람은 자연 친화적이고 채집 등을 즐기며 자연물을 구별하고 분류하는 능력이 강하다.

8. 봉사지능형

봉사지능은 타인의 욕구나 느낌을 이해하고 공감하면서 이를 도와주려는 성향이 강한 사람들에게 높게 나타나는 지능이다. 봉사지능이 높으면 사람의 문제에 관심이 많고, 심리적·정서적으로 안정적인 경우가 많다. 이 지능이 강하면 다른 사람들의 마음을 편안하게 해줄 수 있는 능력이 뛰어나다.

9. 감각지능형

사람에게는 미각, 후각, 시각, 촉각, 청각 등 오감이 있는데 이 감각들이 특별히 발달된 사람들이 있다. 감각지능은 이중에서도 미각과 후각이 특별한 경우를 말한다. 이 감각지능이 높으면 단맛, 짠맛, 신맛, 쓴맛의 차이뿐 아니라 맛과 향에서 아주 작은 차이나 변화까지도 판별해내는 능력이 높다. 또한 냄새에서도 자극의 강도와 질적 차이를 그 정도에 따라 세세하게 구분할 수 있다. 맛을 잘 구분하는 요리사나 향수 전문가처럼 미각과 후각이 유난히 발달되어 있으므로 이 분야의 직업에 종사하는 일이 적지 않다.

5가지 MI 패턴

MI(다중지능) 검사를 통해 아홉 가지 MI에 대한 점수를 파악하고 나면 이제 이 지능들의 분포 패턴, 즉 MI 패턴을 파악해야 한다. MI 패턴이란 9가지 MI가 높고 낮게 분포된 형태를 유형화한 것으로, 다중지능별로 강한 지능과 약한 지능의 분포 패턴을 파악해보면 개인별로 매우 다양한 MI 패턴이 나온다.

기본적인 MI 패턴은 스타형, 스페셜리스트형, 제너럴리스트형, 스타형 제너럴리스트, 감각 또는 봉사지능형 등 크게 다섯 가지 정도로 나눠볼 수 있다. 지능별 영어학습법이 포괄적인 공부의 틀을 잡아준다면, 패턴별 영어 공부는 다양한 지능들이 혼재하는 아이의 특성에 맞게 좀 더 세부적인 공부 지도를 그릴 수 있게 도와주는 역할을 한다. 즉 각각의 타입마다 강한 특성들을 잡아낸 뒤 그에 알맞는 공부법을 적절히 배합할 수 있어야 한다.

먼저 각각의 패턴들을 소개하고, 그 특성에 대해 간단히 알아보겠다. 이 패턴들은 영어 공부법 외에 아이의 진로를 결정하는 데에도 좋은 길잡이가 될 수 있으므로, 내 아이는 어느 패턴에 속하고 어떤 특성을 가지는지 반드시 점검해보아야 할 목록이다.

1. 스타형 패턴 : 공부도 잘하고 인기도 있는 리더형 아이

스타형 패턴은 논리수리지능이 아주 높은 동시에 대인관계지능도 아주 높은 사람의 유형을 말한다. 이 패턴을 가진 스타형 아이는 공부도 아주 잘하고 친구도 많고 대인관계도 원만하다. 어딜 가나 존재감이 찬란하게 느껴지는 타입이므로 조직에서 리더로 부상하거나 사회에서 성공할 확률이 아주 높다고 볼 수 있다. 세계적인 조직에서 인정받는 반기문 유엔총장처럼 규모가 큰 조직의 리더나 정치인들 중에 스타형 패턴이 많다.

2. 스페셜리스트형 패턴 : 한 분야를 파고드는 똑똑한 전문가형 아이

스페셜리스트 패턴은 한 가지 전문 지능은 아주 높고 대인관계지능

은 약한 편에 속한다. 스페셜리스트 패턴을 가진 아이는 자신이 강한 그 한 가지 지능과 관련된 분야에서 큰 두각을 나타내는 경우가 많다. 따라서 스페셜리스트 패턴은 그 뛰어난 지능을 꾸준히 개발시켜 전문성을 키워주면 관련 분야에서 큰 성공을 거둘 수 있다.

예를 들어《해리포터》의 작가 조앤 롤링은 언어지능형 스페셜리스트, 박지성 같은 축구선수는 신체지능형 스페셜리스트, 사라 장의 경우는 음악지능형 스페셜리스트로 구분될 수 있다. 또한 스페셜리스트형 패턴을 가지면 같은 의사라도 수술을 많이 하는 외과의사처럼 전문성이 더 많이 요구되는 분야가 적합하다.

3. 제너럴리스트형 패턴 : 여러 가지를 골고루 잘하는 상식적인 아이

제너럴리스트 패턴이란 다중지능 간의 편차가 적고 대부분의 지능이 중간 정도인 분포도를 보이는 균형 잡힌 유형이다. 제너럴리스트 패턴을 보여주는 사람들은 직업을 선택할 때 한 가지 지능이 유난히 많이 요구되는 전문적인 분야보다는, 여러 가지 지능을 좀 더 골고루 사용할 수 있는 직업에 적합하다. 예를 들어 관리직이나 교사, 홍보, 마케팅 등을 꼽을 수 있다.

4. 스타형 제너럴리스트 : 영업에 두각을 나타낼 수 있는 대인관계적 리더형 아이

스타형 제너럴리스트란 제너럴리스트형 중 전반적으로 무난한 지능을 가졌으나 특히 대인관계지능이 매우 높은 패턴을 말한다. 이런 패턴

을 지닌 아이의 경우는 영업 분야나 기타 지원 분야에서 활동하는 것이 본인의 강점을 살리는 데 도움이 된다. 또한 같은 스타형 제너럴리스트이지만 대인관계지능과 봉사지능, 신체지능이 높은 동시에 승부욕이 강하다면 사업가와 정치가, 기업 임원 등의 역할에도 적합하다.

5. 감각지능형 패턴 또는 봉사지능형 패턴 : 따뜻한 심성을 가진 봉사적 리더형 아이 혹은 높은 수준의 감각을 가진 감각 전문가적 리더형 아이

이 패턴은 다른 지능은 모두 낮고 감각지능이나 봉사지능만 높은 패턴을 말한다. 이러한 패턴에 속하는 사람은 직업을 선택할 때 자신에게 강한 지능을 최대한 살리는 것이 좋다. 감각지능이 높은 경우에는 요리사나 파티셰 등을 잘할 수 있으며, 봉사지능이 높은 경우에는 간호사, 호스피스, NGO, 사회복지사 등의 직업에 적합하다.

| 우리 아이 MI(다중지능) 알아보기 |

이제 우리 아이의 MI에 대해서 알아보자. 화살을 쏘기 전에 과녁을 보라는 말이 있다. 아무리 날카로운 활촉을 가진 화살을 쏴도 방향이 틀리면 소용없다. 그런 면에서 아이의 MI를 아는 것은 영어 공부라는 과녁으로 정확히 활을 쏠 수 있도록 만들어주는 일종의 가이드가 될 수 있다. 따라서 자녀의 영어학습에 관심이 있는 부모라면 본격적으로 공부에 들어가기에 앞서, 내 아이의 타고난 MI(다중지능) 분포도와 그에 적합한 학습법을 꼭 점검해보기 바란다.

그러나 아이의 MI 분포도를 파악하고자 할 때 한 가지 주의할 점이 있다. 절대 한 번 본 결과를 결정론적으로 해석하면 안 된다는 점이다. 초등학교 그중에서도 특히 저학년은 여러 가지 지능이 계속 성장하는 단계이므로, 초등 6년간에 걸쳐 자녀의 변화 과정을 주의 깊게 살펴본다는 자세로 분포도를 알아보는 것이 중요하다. 또한 부족한 지능은 개발을 통해서 보완할 수 있다는 점도 잊지 말자. 어떤 아이든지 모든 지능이 높게 나오는 경우는 매우 드물며, 중요한 것은 부족한 부분을 어떻게 메우고, 강점을 어떻게 살리는가에 있다는 점이다. 지금부터 MI 간이검사표를 통해 내 아이의 MI를 살펴보도록 하자.

MI(다중지능) 간이검사표

본 간이검사표는 필자가 자료를 제공해서 2006년 5월 24일 《중앙일보》에 실린 "적성 알 수 있는 '다중지능'만 제대로 파악하면 내 아이 진로 잘 보여요"라는 기사에서 발췌한 것이다. 더욱 자세한 검사는 유어잡 사이트(www.yourjob.co.kr)에서 받아볼 수 있다.

MI(다중지능) 검사는 IQ 검사와 달리 절대적인 수치가 나오는 것은 아니다. 본 간이검사에서 '상'이 절반 이상이면 해당 지능이 강하다고 볼 수 있으며, '하'가 절반 이상이면 해당 지능이 약하다고 볼 수 있다. 간이검사 결과가 정확한 것은 아니므로, 정확한 검사 결과를 확인하려면 정식검사를 온라인으로 실시해야 한다.

다중 지능	검사 항목	정 도
논리 수리 지능	숫자를 가지고 하는 놀이를 즐기고 암산에 능숙하다.	상 중 하
	산수나 수학과 과학이 학과목에서 가장 좋아하는 과목들이다.	상 중 하
	규칙들을 잘 만들거나 쉽게 이해한다. (방학 때 계획 세우는 것을 좋아한다)	상 중 하
	어떤 사물이나 현상에 대해 '왜 그럴까' 하는 궁금증을 자주 가진다.	상 중 하
	실험하는 것을 좋아한다.	상 중 하
	두뇌 개발용 게임이나 퍼즐 등에 도전하는 것을 좋아한다.	상 중 하
	어떤 사실에 대한 예시를 잘 찾아낸다.	상 중 하
	다른 사람들의 말에서 앞뒤의 논리적 연결이 안 되는 부분을 잘 찾아낸다.	상 중 하
	문제를 해결할 때 단계별로 하나하나씩 체계적으로 풀어나가는 편이다.	상 중 하
언어 지능	단어 놀이를 좋아하고, 새로운 말을 배우는 것을 좋아한다.	상 중 하
	책 읽는 것을 좋아한다.	상 중 하
	말 또는 글로 느낌이나 생각을 표현하는 것을 좋아한다.	상 중 하
	다른 아이들이 나의 이야기를 재미있어한다.	상 중 하
	다른 아이들과 이야기할 때 책에서 봤거나 들은 이야기를 자주 한다.	상 중 하
	낱말 맞히기나 끝말잇기 등을 좋아한다.	상 중 하
	국어·역사·사회 과목을 재미있어한다.	상 중 하
	말싸움에 자신이 있다(다른 아이들과의 말싸움에서 이긴 적이 많다).	상 중 하
	일이나 사물에 대해 말로 잘 설명한다.	상 중 하
대인 관계 지능	집에서 혼자 TV 프로나 비디오를 보는 것보다는 여러 사람이 어울려서 즐기는 모임에 나가는 것을 더 좋아하는 편이다.	상 중 하
	사람들과 대화하는 능력이 뛰어난 편이며, 사람들의 논쟁이나 말다툼 등을 잘 해결해주는 편이다.	상 중 하
	다른 사람들이 슬픔에 잠겨 있는 것을 볼 때 같이 슬픔을 느낀다.	상 중 하
	조깅처럼 혼자 하는 운동보다는 농구나 축구와 같은 단체경기 하는 것을 좋아한다.	상 중 하

	행복해하는 사람들과 있을 때 나도 행복해진다.	상 중 하
	아주 친한 친구가 세 명 이상 있다.	상 중 하
	다른 사람들에게 조언자가 되어줄 수 있다는 것을 자랑스러워한다.	상 중 하
	어떤 문제를 혼자 힘으로 해결하기 위해 고민하지 않고 사람들에게 조언을 구하며 협력한다.	상 중 하
공간 지능	그림을 감상하거나 그리는 것을 좋아한다.	상 중 하
	사진을 찍거나 캠코더로 다양한 일들의 기록을 남기는 것을 좋아한다.	상 중 하
	골똘히 생각하고 있을 때 나도 모르게 낙서를 하고 있곤 한다.	상 중 하
	지도를 보고 길을 찾아가는 것이 어렵지 않다.	상 중 하
	조각 그림 맞추기나 미로 찾기 게임 등이 재미있다.	상 중 하
	물건들을 분해하고 다시 조립하는 일을 꽤 잘한다.	상 중 하
	학교 수업 중에서 미술을 좋아한다.	상 중 하
	내 생각을 설명할 때 도표나 그림 등을 그려서 설명하곤 한다.	상 중 하
	어떤 물건을 다른 방향에서 봤을 때 어떻게 보일지를 쉽게 머릿속으로 그릴 수 있다.	상 중 하
음악 지능	음악을 듣거나 노래 부르는 것을 좋아한다.	상 중 하
	다른 사람들이 나에게 노래를 잘한다고 이야기한다.	상 중 하
	세상에서 음악이 사라지면 매우 슬퍼질 것 같다.	상 중 하
	많은 노래를 기억해서 부를 수 있다.	상 중 하
	음악을 몇 번 들은 뒤에 쉽게 따라 부르거나, 멜로디를 쉽게 기억할 수 있다.	상 중 하
	악기 연주를 쉽고 재미있게 배운다.	상 중 하
	음악을 들을 때 나도 모르게 음악에 맞춰 손으로 박자를 맞추곤 한다.	상 중 하
	음악을 듣고 악기들의 소리를 구별할 수 있다.	상 중 하
	들어본 영화 음악이나 광고 음악 등이 머릿속에 떠오르곤 한다.	상 중 하
	수업 시간 중 체육시간이나 무언가를 직접 만드는 시간을 가장 좋아한다.	상 중 하
	운동이나 춤추는 것을 아주 좋아하고 자주 한다.	상 중 하

신체 지능	실내보다 실외에서 많은 시간을 보낸다.	상 중 하
	새로운 운동이나 춤을 쉽게 배우며 실력이 빨리 향상된다.	상 중 하
	무언가를 확실히 이해하기 위해서는 직접 다뤄봐야만 한다.	상 중 하
	혼자 힘으로 물건을 잘 조립하거나 만들 수 있다.	상 중 하
	산책, 조깅 등의 활동을 하면서 잘 안 풀리는 문제 등을 생각하곤 한다.	상 중 하
	놀이동산에 가면 가장 스릴 있는 것을 골라서 타곤 한다.	상 중 하
	이야기를 하면서 손짓 또는 제스처 등 다양한 신체언어를 활용한다.	상 중 하
	신체의 주요 기관들의 위치와 작용에 대해 관심이 많으며 잘 알고 있는 편이다.	상 중 하
자연 탐구 지능	숲이나 산속을 걸어갈 때 동물의 발자국이나 새들의 둥지 등에 관심을 갖고, 날씨 변화에 민감하다.	상 중 하
	천문학, 우주의 탄생, 생명의 진화 등에 관심이 많다.	상 중 하
	여러 종류의 나무·꽃·식물 등을 구분할 수 있고 이름을 잘 기억한다.	상 중 하
	애완동물을 키우고 있거나 애완동물을 좋아한다.	상 중 하
	농부 또는 어부가 되어 있는 자신의 모습을 그려볼 수 있다.	상 중 하
	세계적인 주요 환경문제에 대한 이해력과 관심을 가지고 있다.	상 중 하
자기 이해 지능	홀로 사색하면서 보내는 시간을 좋아한다.	상 중 하
	나의 미래와 장래의 꿈에 대해 많이 생각한다.	상 중 하
	자신이 스트레스를 받고 있다는 것을 즉시 알 수 있다.	상 중 하
	나의 생각과 느낌들을 메모나 일기로 꾸준히 쓰고 있다.	상 중 하
	자신의 생활에 있어서 중요한 문제들에 대해서 조용히 생각해보곤 한다.	상 중 하
	다른 사람들과 공유하지 않는 혼자만의 취미나 관심사가 있다.	상 중 하
	스스로의 마음을 가장 잘 알고 있으며, 혼자서 생각한 뒤 결심하는 편이다.	상 중 하
	일을 할 때 홀로 심사숙고하는 경우가 많다.	상 중 하

02

J K F L S K A P O
E C K K M V C Z Q
P E O R I X F K J

MI(다중지능)학습법으로 영어와 지능개발을 동시에 잡아라

E K W K D F L
D J F K S P Q

이제 대략적이긴 하지만 내 아이가 어느 지능에 강하고 어느 지능에 약한지 알았을 것이다. 영어 공부에 중요한 영향을 미치는 것은 언어지능인데, 평균적으로 여자아이들의 언어지능이 남자아이들보다 높다. 그래서 영어 습득 속도도 여자아이들이 더 빠른 편이다. 반면 남자아이들은 평균적으로 공간지능과 논리수리지능이 높아서, 여자아이들과 똑같은 방법으로 영어를 공부하면 약간 느릴 수 있다. 하지만 각각의 지능을 잘 활용하는 학습 방법을 찾는다면 여자아이들의 언어 습득 속도를 따라잡을 수 있다.

비단 성별뿐 아니라 개개인에 대해서도 마찬가지다. 앞에서 조사한 분포도를 보면 아이들마다 나타나는 강약 지능이 다르다는 걸 금방 알 수 있다. 이 분포도는 아이마다 적합한 영어학습법이 무엇인지 알려주는 가이드가 될 뿐 아니라 아이의 지능을 개발할 수 있는 환경까지 제공한다. 언어를 배우면서 아이는 자신이 가진 강점을 부각시키는 동시에 부족한 지능을 개발해 다각도의 발전을 이룰 수 있기 때문이다. 기존의 영어가 주입식으로 '영어 지식'을 가르치는 데 주력해왔다면, MI(다중지능) 학습법은 지능별 맞춤이라는 새로운 접근법으로 아이의 숨겨진 지능까지 끌어올릴 수 있다. 즉 '영어 하나만 잘해도' 그 자체가 효과적인 지능개발의 수단이 될 수 있다는 뜻이다.

지금부터 MI 유형에 따라 영어를 가장 잘할 수 있는 학습 방법에 대해 살펴보겠다. 다시 한 번 강조하지만 아이의 지능은 타고나는 것도 있지만 만들어지는 부분도 상당하다. 또한 한 가지 지능이 아닌 여러 가지 지능을 동시에 타고난다. 그런 만큼 내 아이의 지능을 한정 짓지 말고 주력 지능과 비주력 지능을 판단한 뒤, 각각의 유형에서 가장 효과적인 지능개발 방법과 영어학습법을 적절히 활용하면 좋다. 다만, 자연탐구지능과 감각지능과 영어학습과의 연관성은 아직 불투명하여 여기서는 이 두 가지 지능의 영어학습법에 대해서는 생략하도록 한다.

| 논리수리지능형 아이의 영어학습법 |

논리수리지능이 강한 아이들은 동기부여만 되면 학습 속도가 빠를 수 있다.

논리수리지능과 공간지능이 높은 아이들은 대부분 남자아이들이다. 그래서 상대적으로 남자아이들이 여자아이들에 비해 영어를 배우는 속도가 느릴 수 있다. 또 이 지능을 많이 요구하는 직업들은 파일럿이나 수리 통계 분석 전문가 등이 대표적으로, 수리나 공간지능, 종합적 판단력 등은 필요로 하되 언어지능은 그다지 필요로 하지 않는 경우가 많다. 따라서 논리수리지능이 강하면서 언어지능이 그다지 높지 않은 경우에는 말하기나 쓰기를 별로 좋아하지 않을 수 있으므로, 영어학습에서도 그 부분을 보완할 필요가 있다. 논리수리지능형 아이가 영어를 잘하게 하려면 기본적으로 아래의 몇 가지 사실을 꼭 기억하자.

첫째, 이 아이들은 무엇보다도 빨리 영어 공부를 시작하는 것이 중요하다. 습득 속도가 느리다는 점에서 언어지능이 발달한 다른 아이들보다 학습량이 많아야 영어 공부를 따라갈 수 있기 때문이다.

둘째, 언어지능이 높은 아이들은 열심히 하면 단기간에 성과를 보는 경우도 적지 않다. 그러나 논리수리지능형 아이의 경우는 단기간 성과보다는 날마다 꾸준히 재미있게 영어 공부를 하는 습관을 들이는 것이 중요하다.

셋째, 논리수리지능 아이에게는 공부를 하고자 하는 동기부여를 특히 강하게 심어줄 필요가 있다. 논리수리지능이 강한 아이들은 문법은 잘해도 말하기나 쓰기를 별로 좋아하지 않는 경우가 많은데, 이때 논리적인 설득으로 천천히 대화해 동기부여를 해주면 학습 속도가 빨라지고 의욕을 불러일으킬 수 있다. 영어 공부 특히 말하기나 쓰기를 싫어하는 남학생들에게 아주 효과가 좋은 방법들은 맛있는 간식 혹은 좋아하는 레고 등을 보상이나 상품으로 내걸면 억지로라도 말하기나 쓰기를 하는 경우가 종종 있다.

데이비드는 아주 총명한 꽃미남 초등 3학년 학생으로 유난히 내가 예뻐했던 학생이다. 데이비드는 어리지만 전형적인 공학도 패턴을 보였다. 논리수리지능은 아주 높은 반면 언어지능은 높지 않아서 말하기와 글쓰기를 아주 싫어했다. 질문을 던지면 빙글빙글 웃으며 영어로 정답을 한 단계 응용해서 대답할 정도로 총명했지만, 대화를 그다지 좋아하지 않았고 글쓰기는 전혀 하려 들지 않았다. 데이비드는 집에서나 학교에서나 너무 말이 없어서 식구들이 갑갑해할 정도였다.

논리수리지능이 높은 데이비드에게는 보다 논리적인 접근이 필요했다. 이 유형의 아이들은 스스로 논리가 서지 않으면 이해하거나 받아들이려 하지 않는 경향이 있기 때문이다. 따라서 논리수리지능을 활용한 학습법, 이를테면 무조건 재미있게 끌어가기 위해 활동적으로 가르치기보다는 논리적 설명을 상세하게, 그리고 친절하게 덧붙이고 간단한 독해 시험들을 자주 보는 것이 효과적이다.

결국 데이비드는 영어의 4개 영역을 모두 잘할 수 있게 골고루 공부했다. 나는 대화를 통해 왜 영어를 해야 하는지, 왜 지금 쓰기를 해야 하는지 데이비드에게 그 이유를 납득시키곤 했다. 질문을 던질 때도 마치 20세쯤 된 성인을 대하듯 정중하게 하고, 데이비드가 대답하면 진지한 태도로 주의 깊게 듣고 다시 질문을 던지곤 했다.

그렇게 여러 번 대화가 오가고 말하기와 쓰기의 중요성을 꾸준히 설득한 결과, 데이비드는 어른스럽고 점잖게 쓰기의 필요성을 받아들였다. 그리고 일단 자기 머릿속으로 필요성을 받아들이자 놀라운 성장을 거듭했다. 물론 필체는 삐뚤삐뚤했지만, 데이비드는 쓰기를 공부의 한 영역으로 받아들여서 담임선생님이 시키는 대로 다 했다.

데이비드처럼 논리수리지능이 강한 학생들에게 적합한 구체적인 영어학습법을 다시 한 번 정리하면 아래와 같다. 내 아이가 데이비드와 같은 특징을 보이지 않는지 다시 한 번 잘 살펴보고 아래와 같은 영어학습법을 실시해본다면 아주 효과적일 것이다.

- 이 지능이 강한 아이들은 의외로 문법에 강하고 회화나 쓰기에 약할 수 있다. 그러므로 가능한 상세한 설명으로 논리적으로 이해시켜 영어의 4대 영역을 골고루 학습시킬 수 있도록 해야 한다.
- 언어 공부에 필요한 상상력과 정서적 측면이 부족할 수 있으므로, 다양한 스토리북을 읽히면서 독후감을 쓰도록 하면 좋다.
- 영어회화나 영어 문장 쓰기(writing) 연습을 날마다 시키되 아이에게 직접 물어서 재미있는 주제들을 택하면 아이가 더욱 흥미를 보이며 잘 따라온다.
- 논리수리지능형 아이들은 영어가 어느 수준에 다다르면 다른 어떤 유형보다 논리적인 에세이 쓰기에 강점을 보인다. 아이에게 이 같은 자신의 장점을 알도록 해서 자신감을 북돋아주고 최종 고지에 올라갈 수 있도록 독려한다.

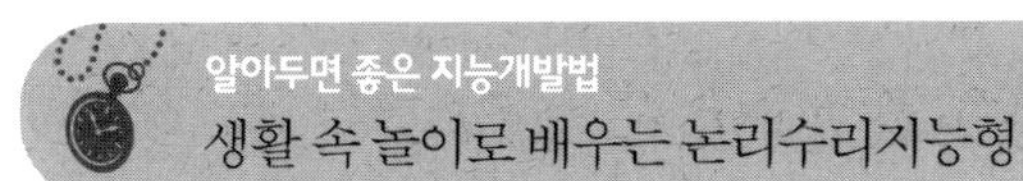

논리수리지능은 접근 방법에 따라 일상 속에서 놀이를 통해 얼마든지 향상시킬 수 있다. 엄마가 아이와 함께 놀이를 하면서 수에 대한 변별력을 키워주고 패턴 개념을 알게 해주면 나중에 더 복잡해지더라도 응용할 수 있게 된다.

구슬 꿰기

시선을 끄는 각양각색의 구슬을 만지게 하면 손에 대한 감각을 키워줄 수 있다. 형태나 색깔 별로 구슬을 나누다 보면 숫자를 세는 능력도 길러지고, 구슬을 실로 꿰는 작업을 시키면 수의 배열이나 규칙도 배울 수 있다.

식빵이나 치즈로 도형 만들기

치즈 한 장을 네 등분해 식빵에 깔 수 있는 낱장을 영어로 헤아리게 한다든가, 세모나 동그라미 등을 만들어 응용해보게 하는 것도 좋다.

생활용품 분류하기

집에 있는 칫솔이나 치약, 책과 공책, 연필과 지우개, 젓가락과 숟가락 등을 특정한 기준으로 분류하거나 그룹을 짓게 해본다.

아이와 함께 장보기

시장이나 백화점에 갈 때 버스 노선의 숫자들을 더해보도록 하고, 구입할 물건의 품목과 가격을 적어놓고 아이와 함께 계산해본다.

| 언어지능형 아이의 영어학습법 |

언어지능이 강한 아이들은 기본적으로 영어를 잘할 수 있는 잠재력이 아주 크다.

이런 아이들은 억지로 시키지 않아도 영어 동화책 읽기, 영어로 말하기도 좋아하고 글쓰기에도 소질이 있다. 따라서 학습 커리큘럼만 체계적으로 진행되면 영어를 아주 잘할 수 있는 타입이다. 게다가 언어지능이 높은 아이들은 언어 에너지가 유난히 왕성한 만큼 영어가 기본적인 수준에 오르면, 다른 외국어를 하나 더 배워도 잘할 수 있다.

언어지능이 뛰어난 아이들이 영어를 배울 때 가장 큰 성과를 볼 수 있는 효과적인 방법 두 가지를 소개하겠다.

첫째, 이 지능이 높은 아이들은 영어를 잘할 수 있는 잠재력이 크다. 글로벌 시대에 영어를 잘한다는 것은 아주 큰 장점이므로, 이런 아이들은 단순히 진학이나 취직을 위해서 회화만 강조할 것이 아니다. 나중에 전문가가 되어서 고급 영어를 멋있게 구사할 수 있도록, 어린 시절부터 전문성이 강해질 수 있는 폭넓은 영어 교육을 실시하는 것이 좋다.

둘째, 언어지능이 강한 학생들은 무엇보다 남들 앞에 서서 발표를 할 때 큰 두각을 나타낼 수 있는 타입이므로 이러한 강점을 영어학습에도 최대한 활용해야 한다. 이를테면 영어 스피치 외우기 연습을 시켜 가족이나 친구들 앞에서 발표를 해보게 하면 언어지능뿐만 아니라 대인관계지능, 신체지능 같은 다른 지능까지도 함께 개발될 수 있다.

초등 4학년 민지는 한국에서만 살았지만, 어학연수를 2년 갔다 온 중

3학년인 언니와 중 1학년인 오빠 덕에 영어 실력이 크게 늘었던 경우이다. 민지의 언니와 오빠는 어학연수를 끝내고 한국에 돌아와서도 집에서 영어로 자주 말했다고 한다. 그러다 보니 언니 오빠의 영향으로 민지도 어려서부터 영어로 대화하고 영어로 책을 보고, 뛰어난 영어 실력을 갖게 되었다.

민지는 언어지능이 높아서 한국어 문장력이나 구사력도 굉장히 뛰어나고, 얼마 전부터는 중국어에 관심을 보여 매주 2회 중국어 선생님을 초빙해서 중국어 공부도 시작했다고 한다. 이런 민지에게 "이다음에 커서 뭐가 될래?" 하고 물어보면 "동시통역사 아니면 작가"라고 스스럼없이 대답한다.

민지처럼 언어지능이 강한 학생들에게 적합한 구체적인 영어학습법은 아래와 같다.

- 책 읽기를 좋아하는 아이가 많으므로 영어 스토리 읽기 위주로 학습을 진행하면 매우 효과적이다.
- 영어 스토리 읽은 내용을 영어로 발표한다거나 한국말로 요약해서 설명하도록 한다.
- 회화와 쓰기를 강조하면 다른 학생들보다 빠른 속도로 학습효과가 올라갈 수 있으므로, 날마다 영어 일기 쓰기 연습을 시키는 것도 좋다.
- 영어를 수용할 수 있는 기본 능력이 큰 만큼 인풋 양을 늘려서 가능한 다른 아이들보다 많이 읽고 단어를 외우도록 해야 한다.

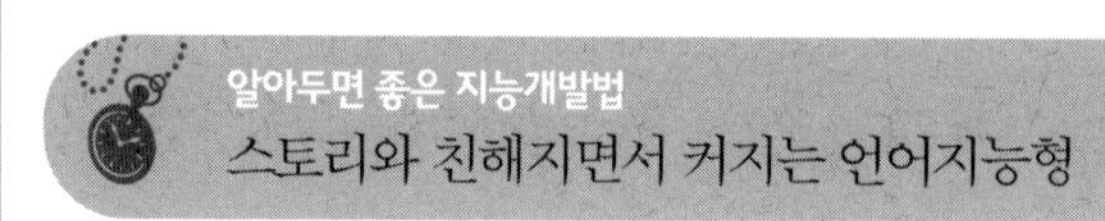

언어지능도 집이나 학교의 커리큘럼을 통해 개발할 수 있는데 가장 중요한 것은 스토리텔링이다. 스토리텔링은 광고계에서도 많이 쓰이는 방법으로 아이의 상상력을 키워준다. 이런 활동은 아이가 수동적으로 상황을 받아들이는 것이 아니라 능동적으로 생각할 수 있게 만들어주고, 자신의 생각을 정리하고 표현해서 타인을 설득하는 능력 또한 길러줄 수 있다.

동화책 읽어주기

부모가 영어 스토리북을 중간 부분까지 읽어주고 아이한테 다음 부분의 이야기를 지어보라고 한다. 주인공을 정해 상상력으로 이야기를 이어나가면서 언어 구사력과 상상력도 함께 발달한다.

일기 활용하기

아이가 동화에 흥미를 가지면 이번에는 그날 쓴 일기를 좀 더 확장해 직접 이야기를 꾸미도록 하는 것도 좋은 방법이다.

인형으로 대화하기

동화를 읽을 때도 엄마와 아이가 인형을 가지고 동화 속 주인공들을 연기하면서 읽으면 또 다른 상상의 이야기를 만들어낼 수 있다. 이때 인형을 서로 바꾸어 역할 바꾸기 등의 놀이를 하면, 아이가 상대의 입장이 되어 생각함으로써 사고의 폭을 넓힐 수 있다. 그리고 변화된 역할에 따라 적응력과 언어의 소화력을 길러줄 수도 있다. 어린이 프로그램이나 영어 관련 프로그램에서 늘 우스꽝스러운 복장과 인형이 등장하는 것도 이러한 이유 때문이다.

대인관계지능형 아이의 영어학습법

대인관계지능이 강한 아이들은 원어민이나 외국인들과 직접 부딪히면서 배우는 것을 잘할 수 있으므로 회화가 강할 수 있는 타입이다.

대인관계지능이 높은 학생들의 경우, 외국어를 배우는 데 필수적인 외국인과의 관계 형성이 쉬워 다른 사람과 의사소통을 하거나 친밀한 관계 형성을 통한 영어 습득 속도가 빠르다는 장점이 있다. 그래서 특히 회화에 강점을 보이곤 한다. 다음은 대인관계지능이 높은 아이에게 영어 공부를 시킬 때 중점을 두어야 할 사항들이다.

첫째, 대인관계지능이 강한 학생들은 원어민이나 외국인들과 직접 부딪히면서 배우는 회화에 아주 강하다. 따라서 실력 여부를 떠나 영어로 대화할 수 있는 선생님이나 외국인 등과 함께 학습하면 좋은 효과를 얻을 수 있다.

둘째, 대인관계지능이 강한 학생은 늘 친구가 많고 활발하기 때문에, 혼자 꾸준히 앉아서 공부하는 것을 좋아하지 않을 수 있으므로 그룹 학습이 효과적이다.

셋째, 심도 있는 읽기나 쓰기, 문법 공부보다는 대충이라도 의사소통이 되는 회화 위주로 어울리는 것을 더 좋아할 수 있다. 그러므로 영어 학습 초기부터 영어의 4대 영역(Reading/Writing/Listening/Speaking)을 체계적으로 잡아줄 필요가 있다.

원준도 내게는 참 소중하게 기억되는 특별한 학생 중 하나다. 당시 초등 4학년이 된 원준은 대인관계지능과 신체지능, 자연탐구지능도 높고 논리수리지능과 언어지능도 높았으나 대인관계지능과 신체지능이 워낙 높아, 이 강한 지능들이 다른 지능들을 누르며 유난히 강하게 드러나는 패턴을 보였다.

대인관계지능이 높은 학생들은 혼자 책을 읽으며 공부하기보다는 다른 사람들의 말을 듣거나 설명을 들으며 지식을 흡수하는 것을 더 좋아한다. 또한 신체지능이 높으면 책상 앞에 가만히 앉아 공부하지 않고 계속 돌아다니고 체험하면서 지식을 흡수한다.

원준의 경우 대인관계지능이 유난히 높은 데다 신체지능마저 높아서 책상 앞에 가만히 앉아 있기를 힘들어했다. 때때로 숙제를 안 해 오는 것은 물론 아예 책과 가방을 집에 가지고 가지 않은 적도 많았다. 그러다 보니 영어 공부도 대충 대화를 통해서 혹은 직접 체험을 통해서 하는 것을 좋아했고 앉아서 체계적으로 하는 것을 싫어했다.

원준은 우리 센터의 모든 사람들이 날마다 매시간 무슨 일을 하는지 파악하는 데 누구보다도 열심이었다. 원준은 수업을 시작하기도 전부터 일찍 도착해 모든 사람들과 대화를 나누었고, 수업이 끝난 후에도 남아서 원어민 선생님과 대화를 나누기도 했다. 특히 매일 내가 누구를 만나고 어디서 강의를 하며 어떤 책을 쓰고 어떤 방송에 나가는지 내 스케줄을 전부 알고 싶어 했다. 게다가 친화력이 커서 유독 나를 잘 따랐고, 내

생일에는 손수 만든 장미꽃을 선물로 주기도 했다.

또한 신체지능이 높아서인지 체험하기나 운동하기, 먹기를 좋아했고 어떤 때는 나를 뒤에서 번쩍 들기도 하는 등 늘 에너지가 넘쳐서 어쩔 줄 모르는 활발한 어린이였다. 우리가 새 사무실로 이전한 다음에는 종종 전화를 해서 사무실로 찾아올 테니 정확한 위치를 알려달라고 조르기도 했다. 우리는 그런 원준을 '귀여운 꼬마 스토커'라고 부르며 예뻐했다.

나는 원준과 만날 때마다 영어로 회화를 하면서 학습 결과를 모니터했다. 원준도 영어로 질문하지 않으면 내가 대답을 해주지 않으니 어쩔 수 없이 내게 영어로 말하는 습관을 들였다. 시간이 흐르자 원준의 다른 강한 지능들, 즉 논리수리지능과 언어지능까지 강하게 드러나기 시작하면서 영어 실력이 부쩍 늘었다.

이처럼 대인관계지능이 높은 아이는 의사소통을 하는 영어회화 위주의 학습을 아주 좋아하는 반면, 차분히 앉아서 꼼꼼하게 독해를 한다거나 혼자 단어를 외우는 것을 싫어하는 경우가 많다. 따라서 다른 사람과 함께 하거나 체험 위주의 학습을 하되, 꼼꼼하게 그 결과를 체크해야 한다. 원준과 같은 아이들의 경우는 가능한 부모님이 단어도 함께 외우고, 아이에게 책 읽은 내용도 설명해달라고 하면 더 효과적이다. 선생님과 부모가 함께 움직여 학습 결과를 체크하면 더 효과적이기 때문이다.

다만 이런 학생은 체계적인 공부법을 싫어할 수 있으므로 저학년 때는 다른 사람들과 서로 소통하거나 체험적으로 영어를 가르치는 것이 적합하다. 하지만 고학년이 되면 어느 정도 체계적인 학습법을 도입해서 다른 지능들 즉 논리지능과 언어지능까지 더 개발해주는 것이 필요하다.

대인관계지능이 강한 학생들에게 적합한 구체적인 영어학습법은 아래와 같다.

- 반(class) 전체가 영어 단어 시험을 본다거나 영어를 사용하는 외국인 친구와 함께 공부한다면 현저하게 실력이 향상된다.
- 공동 프로젝트형 영어 수업을 진행하는 것도 효과적이다. 예를 들어 날씨에 대해 배운다면 친구들과 함께 날씨와 관련된 영어 단어나 내용을 찾아서 영어로 발표하게 하는 등 여러 사람이 함께하는 수업을 진행한다.
- 회화 위주의 수업을 좋아하고 잘할 수 있으므로 회화를 강조하되, 학년이 올라가면서 너무 회화나 놀이 혹은 체험 위주로 가는 것보다는 점차 체계적인 읽기, 쓰기 학습법을 강화해줄 필요가 있다.

알아두면 좋은 지능개발법

역할 바꾸기와 대화를 통해 배우는 대인관계지능형

한국 사회는 인간관계를 중시하는 정서가 깊다. 지금까지는 혈연, 지연, 학연 등의 아날로그적 관계가 중심이었다면, 이제는 네트워크의 성격이 비즈니스 관계를 중심으로 한 디지털 개념으로 바뀌고 있다. 따라서 기존의 인맥 관리보다 보편적인 인간 관리 능력에 따라 미래의 성공을 향한 발판이 마련된다고 해도 과언이 아니다.

대인관계지능은 비단 학습뿐만 아니라 장차 다른 사회활동을 할 때도 중시되는 지능이므로, 사회적 성공을 이루기 위해서는 아이의 적성에 관계없이 누구나 대인관계지능을 어느 정도까지 개발시켜줘야 한다. 대인관계지능도 다른 지능과 마찬가지로 개인의 노력에 따라 얼마든지 개발될 수 있는 지능이므로 어린 시절부터 꾸준히 개발시켜주는 것이 중요하다.

연극을 통해 역할 바꾸기

학교에서 일어나는 사건이나 친구들과의 문제를 다룬 연극 등을 하는 것은 대인관계지능을 향상시키는 좋은 계기가 된다. 역할을 바꿔 서로의 마음을 짐작해봄으로써, 상대를 배려하는 마음을 키울 수 있고 공감 의식을 가지게 된다.

단체 운동

단체 줄넘기나 농구, 피구 등의 운동을 통해 협력과 경쟁을 배우면서 감정을 통제하는 법을 기를 수 있게 된다.

방과 후 대화

부모는 방과 후에 자녀가 학교에서 있었던 일들을 말하면 잘 들어주는 게 좋다. 상대의 입장에서 생각하는 법과 불가피한 상황에서 대처하는 법, 자기주장을 펼 때의 중요성 등 아이의 현재 대인관계 상태를 관찰하고 조언해줄 수 있다.

프로그램 활용

영어 동화책이나 TV 어린이 영어 프로그램 등을 통해 말하는 것 못지않게 남의 이야기를 경청하는 법 등을 아이가 스스로 터득해나갈 수 있도록 배려해야 한다.

| 공간지능형 아이의 영어학습법 |

공간지능이 뛰어난 아이들은 눈으로 보는 삼차원적인 공간 세계를 정확하게 이해하고 변형할 수 있는 능력이 크므로 시각적 효과에 민감하다. 따라서 공간지능이 높은 아이들은 여자나 남자나 수업 시간에 계속 무언가를 끼적거리고 있거나 영어 수업에 대한 집중도가 약간 낮은 경우가 많다.

이런 아이들에게는 시각적이고 공간 감각을 자극할 수 있는 여러 도구들을 이용해 다양한 학습 방법을 시도해보는 것이 좋다. 공간지능은 높은데 언어지능이 그다지 높지 않은 학생들은 기본적으로 영어책 읽기와 단어를 읽히는 데 시간이 좀 걸릴 수 있다. 또한 영어 쓰기를 유난히 싫어할 수 있다. 그러므로 이런 학생들은 잘 달래서 영어의 아웃풋, 즉 말하기와 쓰기가 중요하다는 것을 틈날 때마다 강조해 두어야 한다.

한솔은 초등 3학년이 되던 해 엄마 손에 이끌려 우리 사무실을 방문했다. 한솔은 자신감도 없었고 다른 아이에 비해 학습 의욕이 크게 떨어져 있는 상황이었다. 자신이 영어에는 재능이 없다고 생각했고 수업 시간에는 늘 글로 끼적끼적 쓰는 등 대답 한마디 제대로 하지 못했다. 어머니께 들어보니 한글을 깨우치는 데도 다른 아이들보다 유난히 시간이 오래 걸렸다고 한다. 아니나 다를까 한솔은 영어를 익히는 데도 다른 학생들보다 느렸다.

한솔 같은 유형의 아이들에게 가장 중요한 것은 가르치는 사람이 포기하지 않는 것이다. 나는 일단 소매를 걷어붙이고 한솔에게 집중하기 시작했다. 한솔은 언어지능이 상대적으로 낮은 대신 공간지능이 아주 높아서 수업 시간에 조물조물 그림을 그리거나 끼적대면서 낙서하기를 좋아했다.

나는 한솔이랑 한솔과 비슷한 공간지능과 수리지능은 높고 언어지능은 낮은 남학생을 함께 짝지워, 날마다 2시간씩 한 달 간 추가로 공부를 시키기 시작했다. 시각 자료 등 다양한 확장 도구를 사용해 아이들의 영어 집중력을 높이는 방식으로 수업이 이루어졌고, 결국 한솔도 이런 추가 공부 덕에 가까스로 수업을 따라갈 수 있었다.

그러나 약 6개월 후 한솔은 예상대로 레벨 업 시험을 통과하지는 못했다. 그렇다고 포기하지는 않았다. 그 과정을 1년 동안 한 번 더 시키면 당연히 실력이 올라갈 것이라는 믿음이 있었기 때문이다. 한솔은 레벨 2를 한 번 더 했고, 그 이후에는 실력이 늘어서 꾸준히 더 높은 레벨로 올라갈 수 있었다. 나중에는 가속도가 붙어서 영어를 상당히 잘할 수 있게 되었다.

나는 한솔뿐만 아니라 많은 아이들을 통해 언어지능이 부족하고 의욕이 없는 아이도 '꾸준하게'라는 불문율 앞에서는 반드시 실력이 향상된다는 사실을 경험했다. 공간지능과 수리지능이 높고 언어지능이 낮은 경우 다른 학생들보다 영어 습득 속도가 낮은 것은 당연한 일이다.

따라서 이런 유형의 아이들은 장기적으로 영어에 대한 관심의 끈과 집중도를 놓지 않고 유지시켜나갈 수 있도록 다양한 방법을 도입할 필요가 있다. 즉 다른 학생들과 비교하지 말고 공간지능형 아이에게 맞는 도구 사용과 학습법을 찾아서, 포기하지 말고 지속적으로 몇 년씩 공부를 시키며 자신감을 불어넣어주는 느긋한 자세가 필요하다.

결국 한솔은 이렇게 3년간 쉬지 않고 공부한 결과 영어 실력이 어느 궤도 이상 올랐고, 6학년이 되자 자신감도 붙었다. 어느 순간부터는 전교에서 상위권으로 박차고 올라가더니 얼굴도 밝아지고 학습 태도도 전보다 훨씬 좋아졌다. 게다가 승부욕도 서서히 보이면서 성적도 점점 좋아졌다.

공간지능이 강한 학생들에게 적합한 구체적인 영어학습법은 아래와 같다.

- 시각적 학습보조자료(Visual Aid), 즉 플래시 카드나 그림책, 영화 장면 등을 활용하면 효과적이다.
- 공간지능이 높으면 비디오 게임을 무척 좋아하므로 온라인으로 게임을 하듯이 영어학습을 하면 효과적이다.
- 영어 만화를 읽게 하는 것도 좋다.

알아두면 좋은 지능개발법

미술과 조립 놀이로 키우는 공간지능형

공간지능을 관찰하고 개발하는 데는 미술만큼 좋은 것이 없다. 선, 형태, 색, 공간 등의 세부적인 것을 표현하고 구성하는 데 얼마나 관심을 기울이는지, 또 얼마나 열심히 잘하는지를 관찰해보면 아이의 공간지능을 살펴볼 수 있다.

그림 그리기

그림은 아이의 감성과 지능 모두에 영향을 미치는 가장 효과적인 놀이 중의 하나이다. 스케치북과 연필, 물감뿐만 아니라 여러 가지 즐거운 도구를 사용하면 더욱 좋다. 아이에게 무조건 그림을 그리라고 하기보다, 다양한 색상과 모양 등을 활용해 아이의 흥미를 유발하면 아이가 더욱 재미있게 그림 그리기에 빠져들 수 있기 때문이다.

조립이나 간단한 만들기

블록으로 조립된 완구나 조립식 로봇 등을 분해하고 조작하는 과정을 반복하면 시각적, 공간적인 감각은 물론 미세한 운동신경과 더불어 문제 해결 능력을 발달시킬 수 있다. 시중에 나와 있는 거북선이나 탑, 집 등을 만들어 보는 것도 좋다. 만들기는 기본적으로 공간에 대한 개념이 선행되지 않고서는 작업을 하기가 어렵기 때문에, 그 과정에서 아이의 공간적 능력을 확인하는 데 도움이 된다.

보물찾기

집 안 이곳저곳에 아이가 좋아하는 물건을 숨겨놓고 보물찾기를 해보는 것도 좋다. 집 안을 구석구석 뒤지면서 공간지능이 보다 폭넓게 개발될 수 있기 때문이다.

음악지능형 아이의 영어학습법

음악지능이 높은 아이들은 무엇보다도 영어 발음에서 뛰어난 면을 보인다. 이 지능이 높으면 소리, 리듬에 민감하고 절대음감이 뛰어나 영어를 배울 때 발음에 유리하기 때문이다. 따라서 음악지능이 높으면 어릴 때는 물론, 성인이 되어 영어를 배웠어도 발음이 상당히 좋은 경우가 많다.

음악지능이 강한 학생들은 다른 지능과 더불어 이 음악지능을 최대한 활용해, 발음에서 더욱 완벽을 기해 특출한 강점을 만들어주면 좋다. 또한 음악지능이 강한 아이들은 노래 등에 익숙하므로 노래를 통한 수업도 즐겁게 진행할 수 있다. 실제로 미국의 초등학교에서는 스토리북을 외워서 노래로 부르는 수업들이 일상적으로 진행된다.

초등학교 3학년인 윤아는 첼로를 아주 잘하는 학생이다. 윤아는 예원학교를 목표로 하고 있기 때문에, 집이 원주인데도 주말마다 서울에 올라와 첼로를 전공한 고모한테 첼로 레슨을 열심히 받았다. 그리고 한 달에 두 번 가량은 고모랑 함께 외국인 선생님한테 첼로 레슨을 받으러 간다. 윤아의 고모한테는 네 살 된 아들이 하나 있는데, 윤아의 고모는 아들의 영어 공부를 위해 영어 CD를 사서 영어 노래와 동화를 수시로 들려준다. 이 네 살짜리 꼬마와 윤아는 둘도 없는 단짝 친구가 되어 윤아가 CD에서 영어 노래나 동화가 나오는 것을 따라 하면 이 꼬마가 박수를 치며 함께 따라 한단다. 그러면서 윤아도 어느새 CD에서 나오는 영어 노래와 동화를 모두 외워버렸다고 한다.

윤아처럼 음악을 잘하는 아이는 절대음감에 대한 감각이 높아서 영어도 음악처럼 소리로 접근한다. 그러다 보니 음악지능이 높은 아이들은 영어를 할 때 다른 학생들보다 발음이 정확한 경우가 많다. 그래서 영어를 일찍 시작하면 남보다 더 영어를 잘할 확률이 높다.

이런 아이들한테는 아래와 같이 영어 공부를 시키면 효과적이다.

- 영어로 된 동요나 팝송 등을 외우고 따라 부르게 하는 것이 효과적이다.
- 영어 단어에 음정(멜로디)이나 리듬을 덧붙여서 외우게 한다.
- 청각이 발달되어 있으므로 파닉스나 듣기 연습을 다른 아이들보다 많이 시키면 발음이 아주 좋아질 수 있다.

알아두면 좋은 지능개발법

듣고 부르고 놀면서 오감으로 배우는 음악지능형

아이들의 정서 발달에 음악이 소중하다는 것은 두말할 필요조차 없다. 그러나 음악 감상은 그 중요성만 주장할 게 아니라 우선 아이들에게 맞는 방식으로 들려줄 필요가 있다. 실제로 음악은 귀로 듣는 게 아니라 몸으로 체감하는 활동이다. 우리가 음악을 들으며 춤도 추고, 고개도 끄덕이며, 어깨도 흔드는 이유가 거기에 있다.

그러나 우리나라의 경우 보통 음악 감상이라고 하면 가만히 앉아서 음악을 듣는 걸 떠올린다. 듣는 사람 위주의 환경이 조성되지 않으면 사실상 음악 감상도 고문이 되기 쉽고 대부분 클래식에 편향되어 있는 감상 주제도 문제다. 따라서 다양한 주제의 음악들을 들려주고 이에 대한 느낌을 직접 표현할 수 있도록 하는 게 중요하다.

음악을 통해 주제 혼합하기

음악을 들려주고 그 음악에 맞는 표정을 지어본다든지, 팀을 이루어 영어로 율동을 배우게 한다든지, 그 음악에 어울리는 시나리오를 영어로 써보게 한다든지, 아이들 각자에게 그 음악에 맞춰 지휘 등을 해보게 하라. 이런 활동은 아이의 음악적인 상상력과 영어 실력은 물론, 그와 관련된 다른 지능의 발전을 촉진시킬 수 있다.

영어 노래 듣기

어려서부터 영어 노래를 듣게 하면 음악지능도 발달되고 언어지능도 발달된다는 이중적인 장점이 있다. 아이의 영어 발음을 좋게 만들고 싶다면, 어려서부터 영어 노래와 어린이용 영어 비디오를 들려주면 좋다.

| 신체지능형 아이의 영어학습법 |

수업 시간에 유난히 몸을 들썩이고 이것저것 호기심을 보이는 활력이 넘치는 아이들이 있다. 흔히 아이들이 수업 시간에 이렇게 바스락대면 문제가 있는 건 아닐까 걱정부터 하기 쉽지만, 이런 아이들은 대부분 신체지능이 강해서 그런 현상을 보인다. 이 유형의 아이들은 책상 앞에 앉아 있는 것을 별로 좋아하지 않고 돌아다니기를 좋아하며, 자기가 직접 손으로 무엇을 만든다거나 실외에서 체험하는 것을 즐긴다. 따라서 수업 시간에 집중하지 않고 산만한 태도를 보일 가능성이 높고 가만히 앉아서 공부하기를 힘들어한다.

이런 아이들을 무작정 꾸짖거나 억지로 책상 앞에만 앉혀놓으려 드는 것은 결코 좋은 방법이 아니다. 그보다는 아이가 그 에너지를 이용해 더 많은 경험을 하고, 그것이 영어 공부에 사용될 수 있도록 적절한 배경을 마련해주면 효과가 좋다. 또한 단어도 돌아다니면서 외우게 하고 소파에 누워서 외우게 하는 등 몸을 자꾸 움직이게 하면서 학습하는 것이 효과적이다.

종빈은 귀여운 얼굴에 또래 아이들보다 조금 작은 몸집을 한 초등학교 3학년 남자아이였다. 내가 운영하는 영어교육센터에 종빈을 처음 데리고 온 종빈의 엄마는 등록을 하면서 걱정스러워했다. "왜 그러느냐"고 물었더니, 종빈은 신체지능이 너무도 높아서 잠시도 가만히 있지를 않는다는 것이다. 잘 먹는 편이지만 신체지능이 너무 높아 한시도 가만히 있지를 않으니 먹은 게 키나 살로 가지 않는다고 종빈의 엄마는 속상

해했다. 다른 학원도 여러 군데 보내봤지만 선생님들께 산만하고 다른 아이들한테도 방해된다고 주의를 많이 들었다고 한다.

종빈과 같은 유형의 아이들은 체험 위주의 학습이 큰 효과를 발휘한다. 따라서 체험 위주로 영어 공부를 시키면 재미있어하면서 잘 따라한다. 종빈처럼 신체지능이 높은 아이들한테는 다음과 같은 방법이 효과적이다.

- 이 유형의 아이들은 체험형 영어학습에 적극적으로 반응하는 만큼, 축구를 하면서 영어를 한다거나 직접 바닷가에 가서 바다에 대한 수업을 하는 등의 현장 수업이 아주 효과적이다.
- 만들기 시간을 영어로 진행하는 등 직접 손으로 무언가를 만들면서 영어를 배우는 것도 좋은 방법이다.
- 수업 시간에 춤을 추거나 운동을 하면서 모든 지시를 영어로 하면서 영어를 배우도록 한다.
- 돌아다니면서 영어 단어를 외우게 하는 등 영어학습에 동적인 요소를 가미하고 약간 경쟁적인 게임 위주로 수업을 진행하면 더욱 효과적이다.

알아두면 좋은 지능개발법

신나게 움직이면서 배우는 신체지능

신체지능은 아이가 활발하고 건강하게 자라기 위해서 반드시 필요한 중요

지능이다. 굳이 운동선수가 아니라도 좋은 신체지능을 가지고 있으면 여러 모로 풍부한 활동과 경험을 즐길 수 있다. 흔히 어릴 때부터 잘 노는 아이가 나중에 공부도 잘한다는 말이 있다. 책상 앞에 가만히 앉아 있는 아이가 되기를 원하지 않는다면 신체지능에도 신경 써야 한다.

만들기

아이의 신체 감각을 길러주는 아주 기본적이고도 훌륭한 접근 방법으로 만들기를 적극 추천한다. 수수깡이나 완구, 성냥개비 등의 재료를 이용한 만들기는 재료를 움켜쥐고, 또 붙였다 뗐다 하면서 아이의 손놀림을 개발시킬 수 있다.

공기놀이

공기놀이는 작은 공기알을 받아 쥐고 다시 공중으로 올리고 바닥에서 줍는 활동 등을 통해 손가락을 움직이는 소근육의 기능을 발달시키는 데 효과적이다. 뿐만 아니라 수의 개념과 승부를 판단하고 규칙을 존중하는 법을 가르치는 데도 효과적이다.

흉내 내기

동물 흉내 내기나 표정을 연기해보게 하는 것도 좋다. 얼굴 근육의 발달은 물론, 때로는 몸 전체를 사용하기 때문에 신체의 기능을 활발하게 하는 데 도움이 된다.

스포츠

주말에는 놀이터에서 평균대나 미끄럼틀, 각종 장애물 코스 등을 이용해 균형감각과 여러 가지 기술을 익히게 하는 것도 좋다. 또한 공놀이, 축구, 농구, 배구 등이나 수영, 댄스도 모두 신체지능 개발에 좋다.

봉사지능형 아이의 영어학습법

어린 나이에도 유난히 헌신적이고 남을 잘 배려하는 아이들이 있다. 이처럼 봉사지능이 강한 아이들은 다른 사람을 잘 보살펴주는 능력이 뛰어나다. 이런 아이들을 조교로 활용하거나 자기가 배운 영어를 할머니나 부모님께 가르쳐달라고 하면, 의외로 의무감에 불타서 열심히 공부해서 가르쳐주는 경우가 많다. 누군가에게 자신의 영어로 도움을 줄 수 있다는 것이 큰 동기부여가 되는 셈이다.

초등학교 4학년인 보영이는 어린 나이인데도 유난히 봉사지능이 높은 아이였다. 어려서부터 보영이의 엄마가 많이 아파서 보영이는 늘 엄마를 돌보고 보호해야 한다는 책임의식 같은 게 있었다. 그리고 보영이는 두 친구와 함께 우리 영어교육센터에 왔는데 그중 한 아이는 몸이 좀 불편했다. 그러다 보니 학원에서도 보영이는 몸이 불편한 친구를 늘상 따라다니면서 보살피고, 학원이 끝난 뒤에는 몸이 불편한 학생의 엄마가 딸을 데리러 올 때까지 기다려주곤 했다. 그런 보영이를 보면서 우리 센터의 선생님들은 본인도 아직 어려 그러기 쉽지 않을 텐데 작은 천사가 따로 없다며 감탄해마지 않았다.

보영과 같이 유난히 봉사지능이 발달한 아이들한테는 아래와 같은 방법을 쓰면 효과적이다.

- 봉사지능이 강한 아이를 학습 조교로 써서 이것저것 친구들의 영어 공부를 돕게 하면 더 적극적인 영어 공부를 이끌어낼 수 있다.
- 봉사지능이 높은 학생으로 하여금 선생님이나 부모님에게 그날 배운 것을 가르치게 하는 것도 아주 좋은 방법이다. 형제끼리 같은 학원에 다닐 때도 이 방법을 써서 서로를 돕도록 하면 좋다.

알아두면 좋은 지능개발법

공감의 행복 속에서 커지는 봉사지능형

봉사지능은 다른 사람의 욕구나 느낌을 이해하고 공감하면서 다른 사람들이 겪는 어려움을 도와주려는 성향이 강한 사람들에게서 높게 나타난다. 과거에는 형제자매가 많아서 함께 자라면서 형제자매간의 우애를 나누며 기본적인 배려심도 저절로 싹트곤 했다.

하지만 최근에는 형제자매가 없는 외아들 또는 외동딸인 아이들이 많다. 그러다 보니 가족들 속에서 자라면서 기본적인 사회성과 배려심을 발달시키는 것마저도 어려운 경우가 많다.

인간은 혼자서는 살아갈 수 없는 존재이므로, 사회생활에 필요한 기본적인 봉사정신을 갖추기 위해 이 지능을 어느 정도까지는 개발시킬 필요가 있다. 이 지능을 개발하기 위해서는 일상생활 속에서 다른 사람의 문제와 어려움에 관심을 보이고 도와주려는 노력을 하는 작은 배려부터 출발해야 한다.

신문 함께 읽기

평소에 하는 작은 실천을 좀 더 발전시키려면 하루에 30분씩 사회봉사 면을 보면서 사회 소외계층에 대한 지속적인 관심을 갖도록 유도한다. 세상에는 나보다 고통받는 사람들이 있고, 이들을 도울 수 있는 방법으로 무엇이 있을지 함께 고민해본다.

사회복지시설 방문

정기적으로 자녀를 데리고 고아원이나 양로원 등의 사회복지시설을 직접 방문하여 도움을 주는 활동을 하게 되면, 자녀의 봉사지능이 자연스럽게 개발될 수 있다.

웅도 분교 학생들 사례로 보는 영어학습법

2008년 10월 20일 방영된 〈EBS 잉글리쉬 채널〉의 〈섬마을 아이들! 영어를 만나다〉 프로그램에서 나는 솔루션 팀의 다중지능 전문가 자격으로 출연한 적이 있다. 당시 프로그램에서는 다중지능과 영어학습을 연결한 사례로 웅도 분교 학생들을 찾아가 직접 아이들을 진단하고 인터뷰한 내용이 방송되었다. 그때 EBS에서 방영한 다중지능형 영어 교육의 내용을 좀 더 심화해서 살펴보면, 학생들의 MI 패턴을 파악하는 것이 어떻게 영어학습에 도움이 되는지 알 수 있을 것이다.

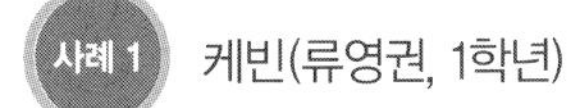

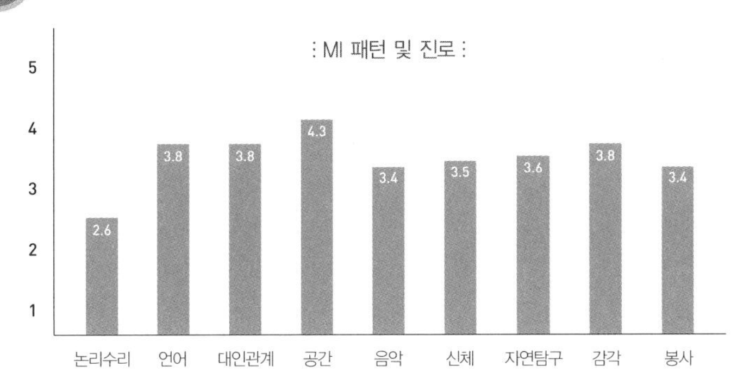

강한 지능 : 공간지능(4.3점) / 대인관계지능(3.8점) / 언어지능(3.8점) / 감각지능(3.8점) / 자연탐구지능(3.6점)

높은 편 혹은 중간 지능 : 신체지능(3.5점) / 음악지능(3.4점) / 봉사지능(3.4점) / 논리수리지능(2.6점)

종합 : 공간지능이 매우 높고 대인관계지능도 높으므로 공간지능을 계속 개발시키면서 학습 욕구를 자극할 필요가 있다.

케빈은 논리수리지능에서 수학적 감각이 높은 편이었고 논리수리지능만 더 개발한다면 주요 지능들이 골고루 높은 제너럴리스트형으로 분류되는 아이였다. 특별히 부족한 점은 없었지만, 전략적으로 사고하는 방식이나 공부 자체에 대한 흥미는 좀 모자란 면이 있었다. 다만 아직 나이가 어린 점을 감안하면 억지로 책상 앞에 앉히기보다는, 시간을 두고 공부에 대한 필요성과 흥미를 갖도록 유도할 필요가 있었다. 진로에서도 강한 지능을 위주로 다양한 활동을 하면서 천천히 생각해볼 기회를 마련해주는 편이 나아 보였다. 결국 나는 케빈에 대해 다양한 가능성을 열어두고 강한 지능인 공간지능과 대인관계지능을 위주로 개발해나가되, 논리수리지능을 더욱 집중적으로 개발하는 게 좋겠다는 결론을 내렸다.

케빈의 영어학습 지도는?

- 공간지능이 가장 높게 나온 케빈은 3차원적 공간을 이해하고 변형할 수 있는 능력이 커서 시각적 효과에 민감한 타입이다. 따라서 영어학습에서 시각적 학습보조자료(Visual Aid), 즉 플래시 카드나 그림책, 영어 만화, 영화 장면 등을 활용하면 좋다. 또한 공간지능이 높으면 비디오 게임을 좋아하는 경우가 많으므로, 친구들과 온라인 게임을 하듯이 영어학습을 하는 것도 효과적이다.
- 대인관계지능도 높았기 때문에 그룹 학습이 효과적이며 선생님이 학생의 영어학습에 적극적으로 동참할 필요가 있다.
- 케빈은 승부욕이 강한 편이고 에너지 레벨이 높은 아이다. 승부욕이 강한 편이므로 잦은 쪽지시험을 통해 영어학습을 강화하면서 꾸준히 논리수리지능을 개발하면 좋다.

케빈의 주요 태그

1. 다양한 시각적 도구를 통한 학습법이 효과적이다.
2. 쪽지시험과 그룹 지도 위주로 공부한다.

사례 2 샘(김영수, 2학년)

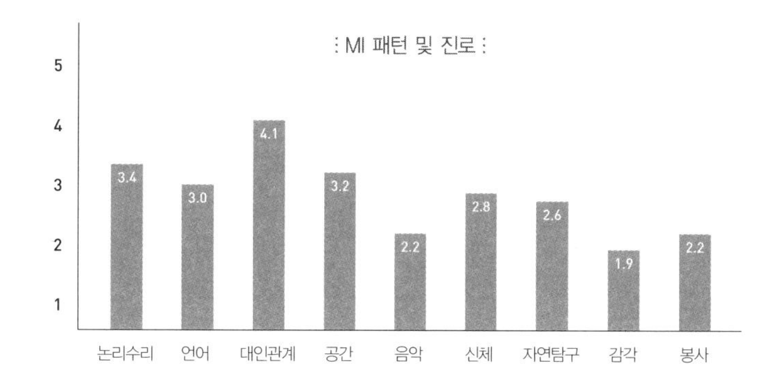

강한 지능 : 대인관계지능(4.1점) / 논리수리지능(3.4점) / 공간지능(3.2점) / 언어지능(3.0점)

높은 편 혹은 중간 지능 : 신체지능(2.8점) / 자연탐구지능(2.6점) / 음악지능(2.2점) / 봉사지능(2.2점) / 감각지능(1.9점)

종합 : 대인관계지능이 상당히 높고 논리지능도 높아서 나중에 공부도 잘하고 인간관계도 좋은 스타가 될 수 있는 잠재성이 있다.

샘의 경우는 논리지능만 더 개발하면 스타형이 될 수 있는 패턴이었다. 논리수리지능 중에서 수리 능력이 다소 낮게 측정되었으므로 수학적 감각을 키워나갈 수 있는 교육이 필요했다. 역시 아직 어렸기 때문에 장기적으로 공부에 대한 필요성을 설득하고 흥미를 갖도록 유도하는 노력이 필요하다는 결론을 내렸다.

반면 샘은 승부욕이 강해서 논리수리지능을 개발하면서 약간의 경쟁이나 시험을 도입하면 더 효과가 있을 수 있는 아이였다. 또한 스타 형의 특징답게 리더십이 발달되어 있어서 이를 강점으로 활용할 수 있는 추가적인 개발이 필요했다. 예를 들면 샘은 저학년인데도 실적 위주의 경쟁이 심한 업무에 적합한 실적형(Front Office형)의 특징을 보이는 편이었다.

샘의 영어학습 지도는?

- 대인관계지능이 특히 높으므로 외국인들과 직접 부딪히면서 배우는 공부에 집중도가 높고 회화가 강한 편이다. 따라서 그룹 학습도 효과적이지만 읽기나 쓰기, 문법 공부에 소홀할 수 있으므로 학습 초기부터 영어의 4대 영역(Reading/Writing/Listening/Speaking)을 체계적으로 잡아주어야 한다.
- 논리수리지능도 높기 때문에 학습량을 좀 높게 잡아 가능한 많은 단어를 외우도록 하면 좋다. 승부욕이 강하다는 점에서 잦은 쪽지 시험도 효과적이다.
- 가급적 상세한 설명을 덧붙여 논리적으로 이해를 시키려고 노력하면 학습 성취도가 더욱 높아진다.

샘의 주요 태그

1. 그룹 수업을 하되 4대 영역 체계를 초기에 잡아야 한다.
2. 논리적 설명 위주로 공부시키고 가능한 많은 단어를 외우게 한다.

사례 3 예츠(류영근, 3학년)

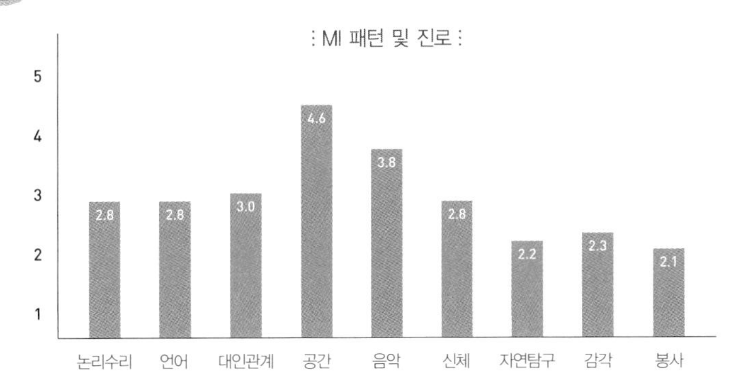

강한 지능 : 공간지능(4.6점) / 음악지능(3.8점)

높은 편 혹은 중간 지능 : 대인관계지능(3.0점) / 신체지능(2.8점) / 논리수리지능(2.8점) / 언어지능(2.8점)

종합 : 공간지능이 매우 높은 스페셜리스트형으로 이 지능을 강점으로 활용할 수 있는 학습방법을 적용하면 학습효과가 더욱 높아질 수 있다. 하지만 대인관계지능은 좀 더 개발할 필요가 있다.

예츠는 대인관계지능이 다소 낮고, 반면 공간지능이 특별히 높은 스페셜리스트형의 아이였다. 논리수리지능 또한 중간 정도였으므로 꾸준히 동기를 유발해주고 대인관계지능을 좀 더 개발할 필요가 있었다. 특히 예츠는 감정 기복이 심한 편으로 자기 뜻대로 되지 않으면 규칙을 따르지 않으려는 고집이 있었다.

그런가 하면 예츠는 전형적인 공간지능형 패턴도 보였다. 자기만의 창의적인 방법으로 게임에서 이기거나 문제를 풀어내는 능력이 뛰어났고, 자동차를 무척 좋아하는 등 기계 조작에도 흥미를 보였다. 또한 위험 감수도가 낮아서 앞에 나서기보다 다른 사람 뒤에 물러나 있는 것을 더 편하게 느끼므로, 꽉 짜인 조직생활보다는 좀 창의적이고 자신의 전문성을 살릴 수 있는 직업이 더 적합해 보였다.

따라서 예츠는 본인의 창의성과 공간지능을 살릴 수 있는 산업 디자이너나 게임 일러스트레이터, 만화가, 응용미술가, 컴퓨터그래픽 전문가 등의 다양한 분야에서 두각을 나타낼 가능성이 높다.

예츠의 영어학습 지도는?

- 공간지능이 특히 뛰어나므로 시각적 학습보조자료(Visual Aid)를 활용하고, 음악지능도 높아서 청각적 자료들을 활용한 학습효과도 기대할 수 있다. 즉 영어 비디오, 온라인 게임을 응용한 학습자료 등의 적절한 시청각 자료를 최대한 활용하면 많은 도움이 된다.
- 소리, 리듬에 민감하고 절대음감이 뛰어나므로 파닉스나 듣기 연습을 꾸준히 시키면 발음이 좋아지는 효과를 볼 수 있다.
- 영어로 된 동요나 팝송 등을 외우고 따라 부르게 하거나 영어 단어에 음정(멜로디)이나 리듬을 덧붙여서 외우게 하는 것도 효과적이다.

예츠의 주요 태그

1. 감정기복을 컨트롤하고 창의적 재능을 살릴 필요가 있다.
2. 시각·청각적 효과를 다양하게 활용하는 수업이 적합하다.

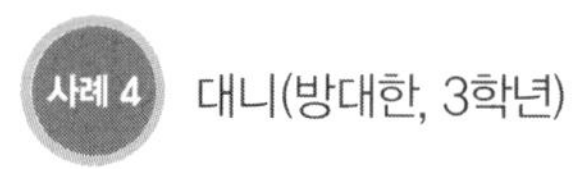

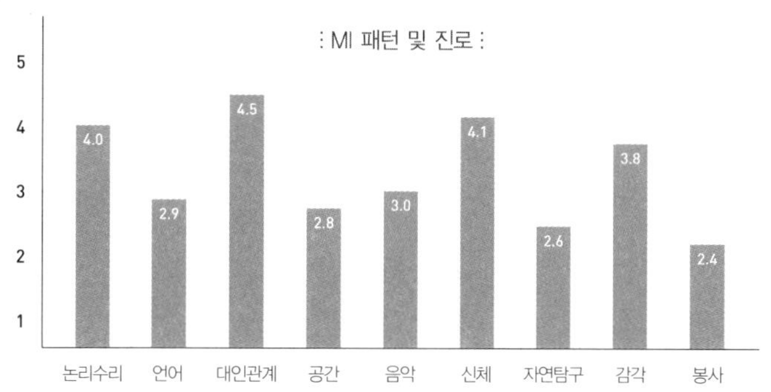

강한 지능 : 대인관계지능(4.5점) / 신체지능(4.1점) / 논리수리지능(4.0점) / 감각지능(3.8점)

높은 편 혹은 중간 지능 : 음악지능(3.0) / 언어지능(2.9점) / 공간지능(2.8점) / 자연탐구지능(2.6점) / 봉사지능(2.4점)

종합 : 대인관계지능이 아주 높고 논리수리지능, 신체지능도 높다. 나중에 공부도 잘하고 대인관계도 원만할 수 있는 스타형 패턴이다.

대니는 규칙을 잘 지키고 자기를 향상시키려는 욕구가 높은 아이였다. 논리수리지능, 대인관계지능, 신체지능이 골고루 높아서 조직생활에 아주 잘 적응할 타입으로 보이기도 했다. 언어지능이 중간 정도로 측정되었으나 기본적으로 언어활동에 대한 흥미와 선호도는 갖추고 있으므로 언어지능이 나중에 더 높아질 잠재력이 있었다.

대인관계지능과 논리수리지능이 아주 높고 신체지능까지 높아서 경영학과로 진로를 정하면 아주 좋을 듯했다. 영업이나 기획 분야 모두에 적합해 보였고 노력하면 뛰어난 제너럴 매니저가 될 소질도 많았다. 승부욕은 보통이고 조용하지만 에너지 레벨은 높았다. 그때는 경쟁이라고는 거의 없는 환경이어서 승부욕이 드러나지 않았지만, 차후 돈이나 명예 등에 대한 열망을 가지게 되면 생각 외로 실적 위주의 프론트 오피스형으로 바뀔 가능성도 엿보이는 아이였다. 또한 위험 감수도도 높고 진취적인 면도 있지만 규칙을 아주 잘 지키는 타입이라, 자기 사업을 운영하기보다는 안전한 조직생활에 더 적합한 패턴을 보였다.

대니의 영어학습 지도는?

- 대인관계지능이 특히 뛰어나므로 그룹 학습, 공동 프로젝트형 학습을 기초로 하면 효과적이다. 선생님이 영어학습에 적극적으로 동참하는 것이 좋다.
- 논리지능도 높아 단어 암기량이나 영어 스토리 읽기 분량을 늘려서 좀 더 많은 양의 학습을 시켜도 충분히 소화할 수 있는 타입이다.
- 신체지능도 뛰어나므로 체험형 영어학습도 좋다. 만들기 시간에 영어로 진행하거나 축구, 농구 같은 그룹 경기나 그룹 댄스 등을 하면서 영어를 사용하는, 동적인 요소를 곁들인 영어 공부가 효과적이다.

대니의 주요 태그

1. 뛰어난 대인관계지능, 신체지능, 논리지능 모두를 활용해야 한다.
2. 단어와 읽기 분량을 늘리고 그룹 학습, 체험 학습을 활용한다.

사례 5 홀리(우희정, 5학년)

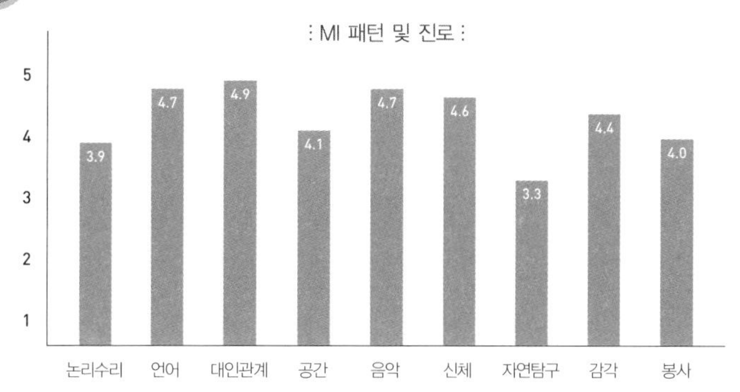

강한 지능 : 대인관계지능(4.9점) / 언어지능(4.7점) / 음악지능(4.7점) / 신체지능(4.6점)

높은 편 혹은 중간 지능 : 공간지능(4.1점) / 논리수리지능(3.9점)

종합 : 대인관계지능이 아주 높은 스타형 제너럴리스트로 다른 사람들과 교류하는 능력이 뛰어나며, 지속적으로 동기부여가 되고 공부에 대한 집중도만 높아지면 학습효과가 크게 나타날 타입니다.

홀리는 모든 지능이 골고루 높은 뛰어난 스타형 제너럴리스트였다. 다만 대인관계지능이 지나치게 높아 한자리에 앉아 혼자서 오랫동안 학습에 집중하기 힘들어했으므로 팀 프로젝트에 적합했다.

수리지능은 그다지 강하게 부각되지 않아서 문과에 적합하며, 조직생활 특히 사람들을 많이 만나는 비즈니스에서 큰 두각을 나타낼 가능성이 높았다. 또한 홀리는 승부욕과 에너지 레벨도 높고 의욕이 넘쳐서 전반적으로 실적 위주 형에 가까웠다.

따라서 선의의 경쟁을 하면 성과와 과정 자체를 즐기면서 일할 수 있는 타입이므로 큰 기업이나 기타 여러 종류의 조직생활 모두 적합해 보였다. 예를 들어 사람들을 많이 만나는 홍보, 영업, 마케팅 분야에 아주 적합하며 언어지능과 대인관계지능을 활용할 수 있는 각종 직업들 즉 기자, 홈쇼핑 호스트 등이라면 분명히 잘 해낼 수 있는 타입이었다. 반면 교사나 공무원에는 그다지 적합하지 않은 편이다.

홀리는 어문 계열, 사회과학, 경영학, 언론 분야로 진로를 정해서 준비한다면 좋고, 이를 위해 영어 능력이 반드시 필요하다는 것으로 강하게 동기부여를 해줄 필요가 있었다.

홀리의 영어학습 지도는?

- 대인관계지능이 특히 높으므로 혼자서 공부하는 것보다는 그룹 학습, 공동 프로젝트형 학습 등을 기초로 하는 것이 효과적이다.
- 언어지능도 높으므로 기본적으로 영어를 잘할 수 있는 잠재력이 큰 타입이다. 이러한 학생들은 말하기도 좋아하고 나름대로 글쓰기도 좋아하므로, 체계적으로 학습이 진행되면 영어를 아주 잘할 수 있다.
- 언어지능이 강한 학생에게는 읽기 위주로 영어학습을 진행하는 것이 매우 효과적이다. 또한 발표 수업에서 두각을 나타낼 수 있으므로, 영어 스토리 읽은 내용을 영어로 발표하게 하는 등의 방법을 활용하면 좋다.
- 회화와 쓰기를 강조하면 다른 학생들보다 빠른 속도로 학습효과가

올라갈 수 있다. 언어지능이 높으므로 평소 영어 일기 쓰기 연습을 시키는 것도 좋다.

홀리의 주요 태그

1. 언어지능이 높아 영어를 잘할 수 있는 잠재력이 크며, 읽기 위주의 수업을 진행한다.
2. 발표와 회화, 쓰기 등도 꾸준히 진행해 영어 실력을 특화시킬 필요가 있다.

사례 6 셰나(김소영, 4학년)

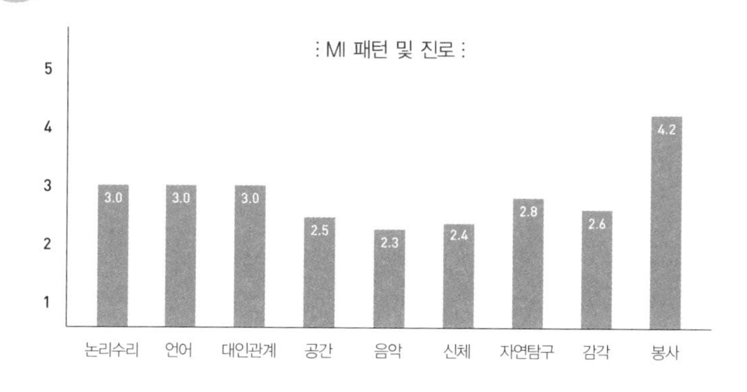

강한 지능 : 봉사지능(4.2점) / 논리수리지능(3.0점)

중간 지능 : 대인관계지능(3.0 정도) / 언어지능(3.0점)

종합 : 봉사지능이 특별히 높고 다른 지능들은 중간 정도인 봉사지능형 제너럴리스트 타입이다. 자신감의 결여로 전반적인 MI가 저평가된 상태이므로 앞으로 개발했을 때 더 큰 잠재력을 가질 수 있다. 따라서 공부를 적극적으로 지원해주고 자신감과 동기유발을 계속 이루어주면 성

적이 크게 향상될 것이다.

내가 셰나를 처음 만났을 때 셰나는 자신감이 많이 떨어진 상태였다. 왠지 모르게 쭈볏쭈뼛하는 셰나를 보면서 나는 셰나야말로 로젠탈 이론을 잘 활용하는 것이 절실히 필요하다는 생각을 했다. 실제로 셰나는 다소 자신감 없는 듯한 모습에 조용했지만 의외로 승부욕도 강한 편이었다. 나중에 교대에 진학해서 선생님이 되면 잘 어울릴 것 같았고, 셰나의 강한 지능인 봉사지능을 살려 사회복지학과 등에 진학해서 그 방면의 일을 해도 제 실력을 톡톡히 발휘할 수 있을 것 같았다. 또한 기업에서 일한다면 기획이나 영업 같은 전문 분야보다는, 고객 관리나 인사 총무부서처럼 많은 사람을 대하면서도 여러 지능을 골고루 사용할 수 일반 관리직 업무가 적합해 보였다.

셰나의 영어학습 지도는?

- 봉사지능을 살려 동생들이나 저학년들을 가르쳐주는 선생님 역할을 맡기면 학습효과를 증진시킬 수 있다. 영어 수업 때도 조교로 활용하면 학습 동기를 유발할 수 있다. 이러한 활동으로 대인관계지능과 언어지능도 개발되는 효과를 얻을 수 있다.
- 이러한 학습 활동 과정에서 더 높은 학습효과를 위해서는 저학년들에게 셰나의 권위를 확고하게 인정하고 받아들일 수 있도록 적극적으로 지원해주어야 한다.
- 영어학습 능력 개발에서는 일차적으로 부모님의 칭찬과 믿음이 아

주 많은 부분을 차지하므로 부모님의 협조가 절실히 필요하다. 잠재되어 있는 승부욕과 자신감을 발현시키기 위해서 부모님의 역할이 매우 중요할 것이다.

셰나의 주요 태그

1. 학습 조교로 활용하면서 저학년을 가르치게 하면 좋다.
2. 부모님과 선생님의 칭찬을 통해 로젠탈 효과를 도모해야 한다.

미국식 커리큘럼으로 배우는 학년별 초등 영어학습법

Level

1

초등 1학년 커리큘럼

| 미국 유치원 프로그램 |

학습 목표 >>

이 시기는 영어를 시작하는 가장 초보적인 단계다. 먼저 알파벳을 익히고 기본적인 단어와 발음을 익혀 영어의 기본기를 쌓는 동시에 영어에 대한 흥미도를 높이는 데 주안점을 두어야 한다.

학습 내용 >>

읽기 : 알파벳을 서서히 익혀가면서 날씨, 음식 등 흥미로운 주제별로 간단한 단어를 읽고 외우게 한다.

쓰기 : 간단한 구문 안에서 빈칸 채우기를 진행한다.

듣기와 말하기 : 알파벳과 단어 듣기를 말하기와 함께 종합적으로 진행한다.

이 단계는 아주 초보적인 단계로 아이의 가장 기초적인 영어의 토대를 쌓는 과정이다. 따라서 복잡한 인식 능력을 필요로 하는 쓰기보다, 아이의 수준에 맞는 알파벳 익히기, 간단한 단어 읽기, 발음 따라 하기 등에 중점을 두어야 한다.

초등 1학년 학생들의 커리큘럼은 대체로 미국 영어 유치원 2년 커리큘럼을 종합한 내용과 비슷하다. 이 단계에서는 아주 초보적인 단어들을 주제별로 배우면서 알파벳도 함께 익히고, 단어와 문장 속에서 영어의 기본을 배우게 된다. 교재는 《롱맨 시리즈Longman's Series》《스펙트럼 시리즈Spectrum Series》 정도의 난이도를 가진 교재라면 어떤 것이라도 좋다. 이 시리즈들은 읽기(reading), 쓰기(writing), 문법(grammar), 어휘(vocabulary) 등의 영역별로 되어 있는데, 책의 분량도 얇고 레이아웃은 단순하지만 아이 혼자서 스스로 공부할 수 있게 차근차근 잘 설명되어 있다. 무엇보다 아이들에게 필요한 어휘, 문법, 글쓰기 연습이 풍부해서 아이들이 영어학습에서 꼭 알아야 할 정보들만 담겨 있다. 하지만 아이들한테 너무 쉬울 수도 있고, 어떨 때는 배워야 할 것이 너무 많아 아이들이 지루해할 수도 있으니 이 부분만 주의하자.

이외 다른 기본적인 영어책들도 아이들 수준에 맞고 흥미를 끌 수 있다면 좋다. 되도록 그림이 많은 게 좋은데, 다양한 주제별로 기본 단어들이 그림과 함께 컬러로 나와 있으면서 기본 문장 안에서 그 단어들을 익힐 수 있는 책들이 좋다. 숫자, 컬러와 형태, 시간, 동물, 음식, 날씨, 스포츠, 직업, 학교 등 다양한 주제에 관한 단어들을 익히도록 한다. 그런 다음, 간단한 문장들, 이를테면 I like~ 혹은 I don' like~ 같은 가장 기본적인 구문을 익히고, 그 안에서 알파벳과 단어들을 따라 하고 읽고 쓰는 연습을 한다. 즉 단어 익히기와 알파벳 익히기, 영어 발음 익히기로 영어에 대한 친숙도를 높이고 아주 초보적인 읽기와 쓰기를 익히는 과정이다.

1학년 커리큘럼을 진행할 때 가장 염두에 두어야 할 것은 다음 두 가지이다. 먼저 쓰기의 난이도이다. 이 단계에서 쓰기 학습은 알파벳 익히기와 단어 쓰기 정도로 그쳐야 한다. 가끔 어떤 학원이나 엄마들을 보면 영어를 좀 잘한다 싶으면 성급하게 그 다음 단계로 넘겨서 본격적으로 쓰기를 강요하는 경우가 있다. 뛰어난 영어 영재라면 물론 월반이 가능할 수도 있지만, 대부분의 아이는 이럴 때 잘못하면 과부하에 걸릴 수 있다. 그러다 보면 그 아이는 영어를 넘기 힘든 장애물로 인식하고 배우려 들지 않게 된다.

따라서 이 단계에서 쓰기가 잘 안 되는 학생들도 다음 단계에서 자연스레 발전하게 되므로 1, 2학년 아이, 특히 남자아이들이 쓰기를 어려워한다고 해서 지나치게 걱정하거나 억지로 시켜서는 안 된다. 그러면 오히려 역효과가 나타날 수 있다는 것을 꼭 기억하자.

다음은 학습의 흥미를 생각해서 교육시켜야 한다는 것이다. 어린 아이들은 무조건 즐겁게 배워야 학습효과가 더 크게 나타난다. 이때에 자유롭게 놀면서 영어를 배운 아이가 나중에 영어도 더 잘하고 지능개발도 빠르다. 따라서 같은 영어를 배워도 딱딱하게 배우지 않고 놀이처럼 자유롭고 즐겁게 배울 수 있게 해주어야 한다. 이처럼 초등 1학년의 영어학습은 거의 놀이 수준에 가까워야 하는 만큼 알파벳 그림과 카드, 자석 붙이기 놀이 등 많은 도구와 놀이를 활용하며, 통제는 필요할 때만 엄하게 하되 이 역시도 최소로 하는 것이 좋다. 영어 유치원을 마친 학생들은 이 프로그램을 하지 않고 다음 단계로 넘어가도 좋다.

커리큘럼 시행 효과 >>

읽기 : 알파벳과 기본 구문을 익히면서 아주 기본적인 독해를 할 수 있게 된다.

쓰기 : 알파벳 쓰기와 간단한 단어 쓰기를 할 수 있게 된다.

듣기와 말하기 : 알파벳 읽기와 간단한 단어 읽기를 할 수 있게 된다.

| 초등 1학년, 결코 늦지 않았다 |

내가 가르쳤던 한 학생인 제임스는 영어에 노출된 경험이 거의 없어 ABC부터 시작했다. 당시 제임스는 막 초등학교 1학년이 되어 학교생활에 적응하고 친구들과 노는 데 열심이라 영어 공부는 안중에도 없었다. 일주일에 한두 번은 지각을 했고 결석도 매주 한 번쯤 했다. 어떤 날은 가방도 아예 선생님께 맡겨놓고 빈손으로 책상에 앉아 하루에 50분 수업하는 걸 듣는 게 전부인 날도 있었는데, 밖에서 열심히 놀다 와서 그런지 수업 시간에 자주 졸았다. 그래도 수업이 끝나고 나면 자기는 결코 졸지 않았다며 눈을 감고 잠시 생각을 했다고 주장했다.

실제로 아직 집중력이 높지 않고 산만한 초등 저학년 아이들의 경우,

제임스와 비슷한 행동을 보이는 아이들이 적지 않다. 그러나 이런 아이들도 몇 달 꾸준히 학원에서 배우다 보면, 날마다 한 시간씩 영어를 하는 것을 당연하게 여기게 된다.

제임스도 몇 달이 지나자 신나게 놀다가도 영어 공부할 시간이 되면 습관처럼 수업에 들어왔다. 물론 싫어할 때도 있었고 가끔씩 늦거나 졸기는 했지만 그래도 점점 결석 일수가 줄어들었다. 또 몇 달이 지나자 단어 쪽지시험에 서서히 익숙해졌고, 발음도 정확해졌으며 알파벳을 정확히 쓸 수 있게 되었다.

드디어 제임스가 《Itsy Bitsy Spider》라는 책을 읽을 수 있게 되자, 제임스의 어머니는 얼마나 감동했는지 모른다. 단어 시험에서 으레 꼴찌였던 제임스는 시간이 흐르면서 조금씩 성적이 올랐고, 단어 10개 중에서 절반은 맞출 수 있게 되더니 80점 이상을 받는 일도 종종 생겼다.

그런 제임스를 보면서 나는 선생님들께 제임스한테 수업 시간에 집중하라고 강요하거나 단어 시험에서 100점 맞으라는 부담을 주지 말라고 부탁했다. 다만 쪽지시험 결과가 나오면 제임스에게 더 잘할 수 있다는 것을 계속 강조해달라고 했다. 제임스의 어머니도 걱정은 했지만 보통의 다른 엄마들한테서는 좀체 찾아볼 수 없는 묵묵한 기다림으로 제임스를 감싸 안았다.

이처럼 어린아이들을 영어의 세계로 인도하는 기본적인 요소는 기다림이다. 아이들은 어른이 끌어주는 대로 따라가되 어른들의 생각보다 훨씬 더 빨리 더 크게 성장한다. 처음에는 다소 부족해 보이는 아이들일지라도 큰 부담을 주지 않고, 포기하지 않고, 매일 1시간씩 영어 공부를 시키면 1년쯤 뒤에는 99% 기본적인 읽기를 할 수 있게 된다. 또한 기본적인 읽기가 되고 단어 시험 보기에 익숙해지면 더욱 체계적인 파닉스와 읽기, 회화 그리고 문법을 배우는 단계인 2단계로 넘어갈 수 있게 된다.

영어에 첫걸음을 디딘 초등 1학년 학생이 기본적으로 알고 넘어가야 할 지식들에 대해서는 부록에 실린 Level Exit Test 1을 참고해주기 바란다.

Level

2

초등 2학년 커리큘럼

| 미국 초등 1학년 수준 |

학습 목표 >>

이 과정은 유치원을 끝내고 기초를 잡은 아이들이 도전할 수 있는 미국 초등학교 1학년 수준이다. 읽기와 단어 쓰기 실력을 더욱 다지면서 장기적으로 영어의 고지를 올라가는 기초체력이 되는 파닉스에 치중해야 한다. 또한 미국 생활에 가장 기본이 되는 생활회화를 여섯 가지 주제별로 진행하면서 아이들이 기초 생활회화를 익히게 한다.

학습 내용 >>

읽기 : 총 30여 권의 검증된 스토리 교재를 읽고 다음의 세 가지 테스트를 실시한다.

- 책을 한 권씩 끝낼 때마다 영어로 된 읽기이해 테스트를 실시한다.
- 이와 함께 책의 전체 맥락을 이해하는 큰 읽기 테스트도 실시한다.
- 책에 나온 단어는 매주 1회 이상 받아쓰기를 하며 스펠링을 체크한다.

쓰기 : 단어 쓰기와 문장 쓰기를 강조한다. 문장 쓰기에 필요한 일반동사와 Be동사, 문장의 형태에 중요한 의문문, 부정문과 비교급, 현재진행형 등 가장 기본적인 문법 내용을 익히게 한다.

듣기와 말하기 : 이 단계는 말하기에 포함되는 파닉스에 온 에너지를 쏟아야 한다. 회화 교재를 통해 실용회화에 꼭 필요한 여섯 가지 주제를 간단히 듣고 표현할 수 있을 정도로 익히게 한다.

이 단계는 미국 1학년 학생들의 수업 과정과 비슷한 커리큘럼으로 이루어지며 핵심 과제는 다음의 다섯 가지다.

첫째, 집중적인 파닉스 훈련을 시작한다. 이 과정을 잘 마치면 영어 발음이 현저히 좋아지게 된다.

둘째, 생활하는 데 가장 필요한 생활회화를 주제별로 익힌다. 이 단계에서는 쇼핑, 다양한 레스토랑 주문, 여행과 방학, 미국의 공휴일(holidays), 나의 가족과 자기소개, 학교생활 등 여섯 가지 정도의 주제로 이루어진다. 이 주제들에 대한 기본 회화와 단어, 숙어 유형들은 가장 기본적인 회화를 구성하는 것들이다. 그러므로 파닉스가 강조되는 이 단계에서 기본 스토리북 읽기가 20여 권쯤 끝날 때 생활회화를 배우기 시작하면 좋다.

셋째, 또한 미국 초등학생들이 읽는 재미있고 파닉스가 강조된 스토리북을 약 30권 정도 읽으면서, 본격적인 스토리북 읽기와 관련 단어 외우기 및 듣기 수업에 들어간다. 스토리북 읽기는 1단계에서 쌓은 기본 실력을 좀 더 업그레이드해서 파닉스를 강조하되, 스토리도 이해할 수 있게 조금 더 긴 문장을 읽을 수 있는 힘을 길러준다.

넷째, 스토리북을 읽으면서 이 단계부터는 1주일에 1회 이상 관련 단어 외우기 및 단어 쪽지시험 보기를 생활화해야 한다. 그래야 나중에 쪽지시험이라는 정기적인 피드백에 익숙해질 수 있다.

다섯째, 처음으로 기초적인 문법을 배우게 된다. 여기서는 복잡한 문법이 아닌 문장의 기본적인 구조를 익히는 수준이면 충분하다. 문법은 생활회화가 끝나고 스토리북도 약 20권쯤 읽은 후에 시작해야 아이들이 어려워하지 않는다.

그렇다면 왜 레벨 2 단계에서 파닉스가 중요할까? 파닉스는 미국에서 아이들의 영어 읽기 교육을 위해 만들어진 프로그램으로, 영어 철자를 어떻게 읽는지 음소와 연결 지어 가르치는 것이 주요 목표다. 이 파닉스 과정을 정확하게 마치면 읽기와 듣기 실력이 현저히 늘 뿐 아니라 쓰기와 말하기 같은 좀 더 높은 수준을 요구하는 영어 공부도 충분히 할 수 있다. 파닉스 과정은 우선 영어의 26개 알파벳을 읽으면 각각 어떤 소리가 나는지 공부하고, 읽기를 통해 단어를 배우고 문장과 글까지 익히게 한다. 한국 아이들의 경우 읽기와 쓰기는 물론 말하기, 듣기도 취약하기 때문에 이 파닉스를 정확히 닦아놓아야 고급 영어까지 도전할 수 있는 토대를 마련할 수 있다.

또한 이 단계에서는 본격적으로 스토리북이 주요 교재로 등장한다. 스토리북은 아이들이 초등 6년간 영어를 익히는 데 가장 중요한 도구로 꾸준히 활용된다. 아래에 기본적인 스토리북 목록 28권을 소개해두었으니 참조하기 바란다. 이외에도 난이도가 비슷한 다른 스토리북들을 더 읽히는 것이 좋다. 단, 여기서 잊지 말아야 할 점은 책을 읽히되 반드시 그 책에 나온 단어들을 외우게 해야 한다는 점이다.

: Level 2 Reading List 28 :

1. The Teeny Tiny Woman(by Jane O'connor, Random House Books for Young Readers, 1986)
2. My Five Senses(by Alik, HarperFestival, 1991)
3. A Girl, A Goat, A Goose(by David McPhail, Cartwheel, 2007)
4. What Do You Do With a Tail Like This(by Robin Page, Sandpiper, 2008)
5. The 100th Day of School(by Angela Shelf Medearis, Cartwheel, 1996)
6. Stay in Line(by Teddy Slater, Cartwheel, 1996)
7. Hiccups For Elephant(by James Preller, Cartwheel, 1995)
8. Fraidy Cats(by Stephen Krensky, Cartwheel, 1993)
9. The Wrong-Way Rabbit(by Teddy Slater, Cartwheel , 1993)
10. We Eat Dinner in The Bathtub(by Angela Shelf Medearis, Cartwheel, 1999)

11. A Fish Out of Water(by Helen Palmer, HarperCollins Children's Books, 1984)
12. The Cat in the Hat(by Dr. Seuss, Random House Books for Young Readers, 2005)
13. Where the Wild Things Are(by Maurice Sendak, HarperCollins, 1988)
14. Green Eggs and Ham(by Dr. Seuss, Random House Books for Young Readers, 2005)
15. The First Book: Henry and Mudge(by Cynthia Rylant, Atheneum/Richard Jackson Books, 1996)
16. In the Green Time: Henry and Mudge(by Cynthia Rylant, Aladdin, 1996)
17. And Happy Cat: Henry and Mudge(by Cynthia Rylant, Aladdin, 1996)
18. Take the Big Test: Henry and Mudge(by Cynthia Rylant, Aladdin, 1996)
19. In The Family Trees: Henry and Mudge(by Cynthia Rylant, Aladdin, 1998)
20. And Annie's Good move: Henry and Mudge(by Cynthia Rylant, Aladdin, 2000)
21. And the Yellow Moon: Henry and Mudge(by Cynthia Rylant, Aladdin, 1996)

22. And the Snowman Plan: Henry and Mudge(by Cynthia Rylant, Aladdin, 2000)
23. The 512 Ants On Sullivan Streets(by Carol A. Losi, Cartwheel Books, 2006)
24. Monster Manners(by Bethany Roberts, Sandpiper, 1997)
25. Animals in Winter(by Henrietta Bancroft, Collins, 1996)
26. Arthur Writes a Story(by Marc Brown, LBkids, 2007)
27. Arthur's Teacher Trouble(by Marc Brown, The Atlantic Monthly Press, 1986)
28. Fox on the Job(by James Marshall, Puffin, 1995)

참고로 이 목록 중의 《Green Eggs and Ham》 같은 유명하고 검증된 책들은 처음부터 끝까지 완전히 외우게 하는 것이 좋다. 미국에 가보면 초등 1학년 학생들이 유명한 책들을 한 줄 한 줄 외워서 노래로 부르는 경우가 많다.

이렇게 책 읽기에 조금 익숙해지고 나면 2단계인 생활회화로 넘어간다. 이 생활회화는 주제별로 약 5~6권 정도를 익히게 되는데, 이때 배우는 내용은 아주 간단한 다음과 비슷한 수준으로 보면 된다.

(Asking Prices)

Customer: How much are the apples?

Clerk: Apples are 4 for $1.

Customer: How much are these shoes?

Clerk: Those shoes are $29.99.

Customer: How much is this shirt?

Clerk: That shirt is $30 total.

(Finding Areas)

Customer: Where is the vegetables section?

Storekeeper: The vegetables are at the end of the aisle.

Customer: Where is the fruit section?

Storekeeper: The fruit is next to the vegetables.

Customer: Where is the meat section?

Storekeeper: The meat is in the back of the store.

(Money Math)

Friend 1: How many pennies are in a dollar?

Friend 2: There are 100 pennies in a dollar.

Friend 1: How many dollars are in a hundred dollar bill?

Friend 2: There are 100 dollars in a hundred dollar bill.

생활회화를 배우면서 아이들은 미국 돈, 숫자 세기 개념, 시계 보고 시간 알려주기, 옷과 구두의 사이즈, 슈퍼마켓에서 야채 및 물건 사기, 식당에서 음식 주문하는 법, 식사 에티켓, 미국의 휴일과 방학 등 외국 생활에서 가장 기본이 되는 의식주 생활에 필요한 단어와 문장들을 익힌다. 이 회화는 한국 아이들이 외국 연수를 가서 가장 필요한 단어와 회화 내용들을 종합한 내용이므로 어릴 때부터 반드시 익혀두는 것이 좋다.

생활회화에 익숙해지면 2단계 후반으로 넘어가면서 이제부터는 영어의 본격적인 뼈대를 세우는 문법 개념을 도입해야 한다. 아이가 다양한 영어 문장들을 놓고 기본적으로 주어가 무엇이고 서술어가 무엇인지를 구분하면서 영어 문장 구성의 감각을 익히도록 하자. 다시 말해 영어 문장을 구성하는 가장 기본적인 구조인 주어와 서술어, 일반 동사와 Be동사, 현재시제와 과거시제, 현재진행형, 의문문, 비교법 정도를 익혀 나중에 체계적인 영어 쓰기(영작) 교육을 배울 수 있는 기초작업을 다지는 것이다.

1. 주어

Nouns and **Verbs** are needed for <u>every sentence</u> we make. In a declarative sentence there will always be a noun before the verb. This noun is called the **SUBJECT**.

The **Subject** is the person, place, thing, or group that is being described by the verb.

examples:

1. Susan goes to the store.
   ↑
   subject   *goes to the store* tells what Susan does.

2. Timmy runs fast.
   ↑
   subject   *runs fast* tells what Timmy does.

2. 서술어

The words after the **subject**, in a declarative sentence, are called the **PREDICATE**.

The **Predicate** is the verb of the sentence and the idea of sentence. In a declarative sentence the idea will have more nouns—these nouns are not the subject of the sentence!

examples:

1. Jerry runs with Andy.
   ↑   *runs* is the verb and *with Andy* is the idea.
   predicate

2. Joseph and his dog have brown hair.
   ↑   *have* is the verb and brown hair is the idea.
   predicate

3. 현재형

The first tense is called **PRESENT SIMPLE**.

Present Simple is used to discuss things that are happening right now.

This timeline show where the **Present Simple** takes place:

X marks the spot

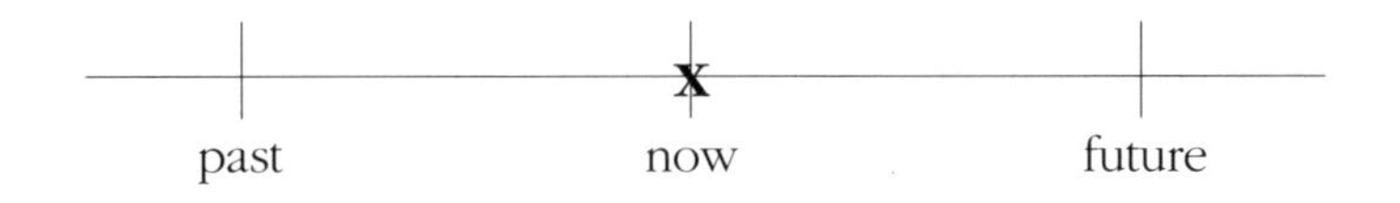

Present Simple tells…

{about thing taking place in current time}

James eats his lunch.

Norton catches the ball.

Norton catches the ball.

{about facts or general ideas}

Seoul is a big city.

Danny likes flowers.

Steven and Lora go to school.

{about events that occur everyday}

We eat lunch at 12:30pm on a school day.

The train leaves at 1:00pm everyday.

My mom sleeps at 2:00pm everynight.

They are at the bus stop every weekend.

: Present Simple Conjugation Chart :

	He	She	It	I	We	They	You
to be	is	is	is	am	are	are	are
to do	does	does	does	do	do	do	do
to have	has	has	has	have	have	have	have
to like	likes	likes	likes	like	like	like	like
to read	reads	reads	reads	read	read	read	read
to play	plays	plays	plays	play	play	play	play
to go	goes	goes	goes	go	go	go	go
to hear	hears	hears	hears	hear	hear	hear	hear
to write	writes	writes	writes	write	write	write	write
to jump	jumps	jumps	jumps	jump	jump	jump	jump
to run	runs	runs	runs	run	run	run	run
to walk	walks	walks	walks	walk	walk	walk	walk
to kick	kicks	kicks	kicks	kick	kick	kick	kick
to fly	flies	flies	flies	fly	fly	fly	fly
to learn	learns	learns	learns	learn	learn	learn	learn
to sit	sits	sits	sits	sit	sit	sit	sit
to stand	stands	stands	stands	stand	stand	stand	stand
can	can	can	can	can	can	can	can
must	must	must	must	must	must	must	must

4. 과거형

The second tense is called **PAST SIMPLE**.

PAST Simple is used to discuss things that happened is the past.

This timeline show where the **PAST Simple** takes place:

X marks the spot

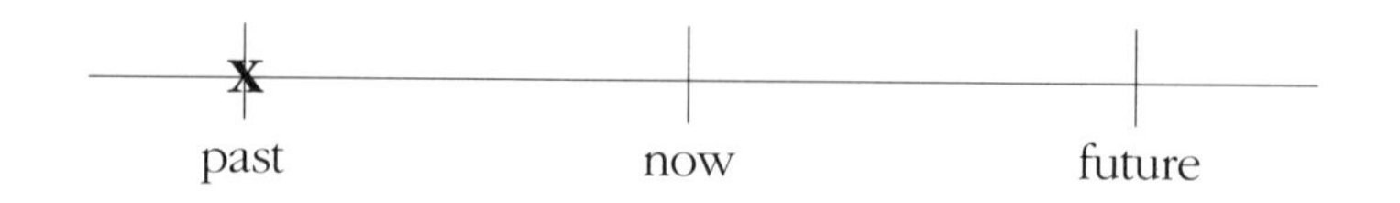

Present Simple tells…

{about a completed action}

I saw that movie.

She washed her car.

{a series of completed actions}

I finished my homework and went to the store.

I ate the cheese and drank the cola.

{a past time period}

We studied korean for three months.

I lived in Brazil for two years.

I went to Africa for five days.

{a past habit}

I played the violin.

I cooked a lot when I was young.

: Past Simple Conjugation Chart :

	He	She	It	I	We	They	You
to be	was	was	was	was	were	were	were
to do	did	did	did	did	did	did	did
to have	had	had	had	had	had	had	had
to like	liked	liked	liked	liked	liked	liked	liked
to read	read	read	read	read	read	read	read
to play	played	played	played	played	played	played	played
to go	went	went	went	went	went	went	went
to hear	heard	heard	heard	heard	heard	heard	heard
to write	wrote	wrote	wrote	wrote	wrote	wrote	wrote
to jump	jumped	jumped	jumped	jumped	jumped	jumped	jumped
to run	ran	ran	ran	ran	ran	ran	ran
to walk	walked	walked	walked	walked	walked	walked	walked
to kick	kicked	kicked	kicked	kicked	kicked	kicked	kicked
to fly	flew	flew	flew	flew	flew	flew	flew
to learn	learned	learned	learned	learned	learned	learned	learned
to sit	sat	sat	sat	sat	sat	sat	sat
to stand	stood	stood	stood	stood	stood	stood	stood
can	could	could	could	could	could	could	could
hit	hit	hit	hit	hit	hit	hit	hit

커리큘럼 시행 효과 >>

읽기 : 28권 이상의 스토리북을 읽으면서 문장에 대한 이해도가 높아지고, 단어 실력이 늘어 난이도가 쉬운 책들을 읽을 수 있게 된다.

쓰기 : 이 단계부터는 간단한 단어 쓰기와 비록 짧지만 완전한 문장 쓰기가 가능해진다.

듣기와 말하기 : 파닉스를 통해 발음이 좋아지고, 기본적인 음소 발음을 알게 되므로 뜻을 모르더라도 영어책을 읽을 수 있게 된다.

| 1단계에서 더뎠던 아이, 2단계에서 잘할 수 있다 |

마이클은 ABC도 제대로 못 익히고 2학년으로 올라가면서 나를 찾아왔다. 알파벳 발음 익히기조차 제대로 되어 있지 않은 상태라 알파벳 수업에서 발음 교정부터 해야 하는 상황이었다. MI 검사를 해보았더니 마이클은 모든 지능이 골고루 높은 제너럴리스트 패턴으로, 커리큘럼 전체를 골고루 성실하게 익히게 하는 것이 가장 적합한 학습법이라는 판단을 했다.

그러나 마이클은 나날이 난관에 부딪쳤다. 발음이 전혀 안 된 상태에서 레벨 1 중간에 들어가다 보니 레벨 1에서도 다른 학생들보다 좀 뒤처졌다. 레벨 1을 제대로 밟고 올라오지 못한 탓에 레벨 2 과정의 문법과 긴 문장이 나오는 회화를 어려워하는 게 가장 큰 문제였다. 하지만 다행히도 마이클은 성실함을 타고난 아이였다. 하루도 빠짐없이 수업에 참

석했고 끙끙대면서도 숙제도 성실히 해왔다. 나는 그 모습을 보면서 충분히 가능성이 있다고 믿었다. 마이클 같은 학생은 부담을 주기보다는 날마다 편안하고 즐겁게 공부할 수 있도록 해주는 자세가 필요하다. 마이클은 학습 속도가 빠르지 않으면서도 스트레스에 취약한 편이어서, 부담을 느끼면 오히려 학습 진행에 방해가 되기 때문이었다.

그러는 동안에도 마이클은 학원에서는 물론 집에 돌아가서도 그 특유의 성실함으로 계속 단어를 익히고, 회화 CD를 들어보고 시험공부를 하는 등 열심히 노력했다. 그 결과, 레벨 2 과정이 끝날 무렵에는 레벨 1에서 뒤처졌던 부분들을 메우고 레벨 2도 무사히 마칠 수 있었다. 마이클은 남들보다 결코 빠른 아이가 아니었으나 정말 거북이처럼 꾸준히 날마다 4년 동안 영어 공부를 했다. 그리고 4년 후에는 무난하게 귀국자반으로 올라가서 긴 영어 에세이를 쓰고, 또 그것을 외워서 멋진 발표도 할 수 있게 되었다. 뿐만 아니라 《Charlie & Chocolate Factory》라는 책도 술술 읽어 선생님도 다른 학생들도 크게 감탄했다. 레벨 1조차 제대로 배우지 못하고 올라온 상황에서 마이클의 영어 실력은 4년 동안 일취월장했다고 해도 과언이 아니었다.

이처럼 레벨 1에서 더디다고 생각했던 학생들도 레벨 2단계에서 새로운 재발견을 하게 되는 경우가 종종 있다. 언뜻 보기에 영어에 재능이 있어 보이지 않는 아이라도 지속적으로 제대로 영어 공부를 한다면 영어를 아주 잘할 수 있다. 누구보다도 성실하게, 더듬거리면서도 열심히 수업에 참석했던 마이클이 대표적인 사례다. 지금 마이클은 외고반에 합격해 또래에 비해 높은 수준의 영어 실력을 이미 갖추었고, 자신감이 붙으면서 좀 더 높은 수준의 영어에 계속 도전하고 있다. 마이클의 사례는 뒤집어 보면 어린 학생들의 경우, 각 레벨에서 다소 주춤하더라도 성실함을 가지고 꾸준히 공부한다면 다음 레벨에서 부족한 부분을 보완할 수 있다는 것을 이야기해주는 것이기도 하다.

레벨 2를 마치고 나서 보게 되는 Level Exit Test 역시 부록에 실어두겠다. 이 시험에서 성적이 70~80% 이상 나오면 다음 단계로 넘어갈 수 있는 충분한 실력이 된다고 볼 수 있다.

L e v e l

3

초등 3학년 커리큘럼

학습 목표 >>

이 단계에서는 미국 초등학교 2학년 커리큘럼을 ESL화시킨 내용으로 공부하는 게 좋다. 방대한 스토리북 읽기를 통한 읽기 실력을 키우는 데 가장 주력하고, 본격적인 문법과 쓰기를 시작해야 한다.

학습 내용 >>

읽기 : 레벨 3의 읽기는 다양한 주제의 영어책 내용을 정확하게 이해하고 어휘력을 크게 늘리는 단계로, 총 40~50권 가량의 다양한 책을 읽는 것에 주력한다. 책 한 권을 끝낼 때마다 반드시 다음의 테스트를 실시한다.

• 읽기 이해를 테스트하는 Reading Comprehension test

- 단어 시험(스펠링, 한국말 뜻, 객관식 영·영·한 테스트)

쓰기 : 문법이 본격적으로 강조되고 과거/현재/미래/현재완료를 모두 배우고 문법적으로 올바른 문장 쓰기에 주력한다.

듣기 : 스토리북 1권 혹은 2권을 끝낼 때마다 듣기 받아쓰기 시험을 실시한다.

말하기 : 파닉스가 끝나는 과정으로, 생활영어에 관한 회화책을 2권 더 배우고 생활 스피치 연습을 시킨다.

레벨 3은 중급 영어 수준으로 올라가는 사다리라고 해도 과언이 아니다. 이 단계에서는 미국 초등학교 2학년 커리큘럼을 ESL화시킨 내용으로 공부해야 하는데, 이 단계의 핵심은 앞에서도 계속 강조해왔던 스토리북 읽기다. 그러나 이 단계의 스토리북 읽기는 1단계, 2단계보다 훨씬 복합적으로 이루어진다고 보면 된다. 단순히 단어를 암기하는 데 그치는 것이 아니라 문장의 구조와 독해에 대한 이해도를 높이면서 고급 문법에 접근해야 하기 때문이다.

이 단계에서는 약 1년에 걸쳐서 40~50권 가량의 방대한 양의 스토리북을 읽어나가며 자연스럽게 읽기 능력과 단어 실력, 문장 이해와 독해 능력을 강화시켜나가야 한다.

또한 스토리북을 읽고 난 뒤에도 그 느낌을 짤막한 문장 차원을 넘어 한 단락으로 표현하는 본격적인 단락 쓰기 연습을 해야 한다. 단락은 늘

첫 번째 문장이 가장 중요하므로(key sentence), 가장 핵심적인 내용을 첫 문장에 담아서 쓰는 작업이 필요하다. 레벨 3 역시 레벨 2와 마찬가지로 스토리북 목록을 미리 짜고 체계적으로 읽어나가는 것이 중요하다. 아래의 책들 중에 한국에 없는 책들은 이와 비슷한 난이도를 가진 다른 유명 출판사(예 : Scholastic, Randomhouse 등)의 스토리북을 읽히면 된다.

: Level 3 Reading List 39 :

1. Get Ready for Second Grade, Amber Brown(by Paula Danziger, Puffin, 2003)
2. Owl at Home(by Arnold Lobel, HarperCollins, 1982)
3. Detective Dinosaur(by James Skofield, HarperCollins, 1998)
4. The Adventures of Snails at School(by John Stadler, HarperCollins, 1995)
5. Days with Frog and Toad(by Arnold Lobel, HarperCollins, 1984)
6. Arthur' s Loose Tooth(by Lillian Hoban, HarperCollins, 1987)
7. The Frog Prince(by Susanna Davidson, Usborne, 2007)
8. Uncle Elephant(by Arnold Lobel, HarperCollins, 1986)
9. Too Many Cooks(by Andrea Buckless, Cartwheel, 2002)
10. The Blind Men and the Elephant(by Karen Backstein, Cartwheel, 1992)
11. A Quarter from the Tooth Fairy(by Caren Holtzman, Cartwheel,

1995)

12. Even Steven and Odd Todd(by Kathryn Cristaldi, Cartwheel, 1996)
13. Cloudy with a Chance of Meatballs(by Judi Barrett, Atheneum, 1982)
14. Three Pigs, One Wolf, and Seven Magic Shapes(by Grace Maccarone, Cartwheel, 1998)
15. Hill of Fire(by Thomas P. Lewis, HarperCollins, 1983)
16. The 18 Penny Goose(by Sally M. Walker, HarperCollins, 1999)
17. The Smallest Cow in the World(by Katherine Paterson, HarperCollins, 1993)
18. Alexander and the Terrible, Horrible, No Good, Very Bad Day(by Judith Viorst, Atheneum, 2009)
19. Small Wolf: I Can Read books(by Nathanial Benchley, HarperCollins, 1994)
20. Dolphin: I Can Read Books(by Robert A. Morris, HarperCollins, 1983)
21. Sam the Minuteman: I Can Read Books(by Nathaniel Benchley, HarperCollins, 1987)
22. The Outside Dog: I can read books(by Charlotte Pomerantz, HarperCollins, 1995)
23. How the Grinch Stole Christmas(by Dr. Seuss, Random House Books for Young Readers, 1957)

24. Focus on Science Level C(by Steck–Vaughn Company, San Val, 1998)
25. Where does the Garbage Go?(by Paul Showers, Collins, 1994)
26. What is the World Made of?(by Kathleen Weidner Zoehfeld, Collins, 1998)
27. Why I Sneeze, Shiver, Hiccup, and Yawn(by Melvin Berger, Collins, 2000)
28. Who Eats What?(by Patricia Lauber, Collins, 1994)
29. Spinning Spider(by Melvin Berger, Collins, 2003)
30. Stella Louella's Runaway Book(by Lisa Campbell Ernst, Simon & Schuster Children's Publising, 2001)
31. Click, Clack, Moo: Cows that Type(by Doreen Cronin, Simond & Schuster Children's Publishing, 2000)
32. Tornadoes!: Scholastic Reader(by Lorraine Jean Hopping, Cartwheel, 1994)
33. Seeing Stars: Hello Reader Science(by Rosanna Hansen, Scholastic, 2002)
34. Wild Weather Blizzards!: Hello Reader Science(by Lorraine Jean Hopping, Cartwheel, 1999)
35. Wild Weather Lightning!: Hello Reader Science(by Lorraine Jean Hopping, Scholastic, 1999)
36. Wild Weather Hurricanes!: Hello Reader Science(by Lorraine Jean

Hopping, Scholastic, 1995)

37. The Fly on the Ceiling: Step-Into-Reading(by Julie Glass, Random House Books for Young Readers, 1998)
38. The Giving Tree(by Shel Silverstien, HarperCollins, 2004)
39. The Drinking Gourd(by F.N. Monjo, HarperCollins, 1983)

위의 책 중에서 특히 《The Giving Tree》는 명작 중의 명작이므로 부모와 함께 읽고 해석하고 외우는 것도 좋다. 하나의 시와 같이 아름다운 책이니 반드시 읽히고 내용도 함께 토론해보도록 하자. 책을 읽고 나면 아래와 같은 형태로 vocabulary list를 만들어두는 것도 좋다.

: **vocabulary list : Who Eats What** :

4-5	
caterpillar	유충
spotted	발견되다
wren	굴뚝새
dinner	저녁식사
hawk	매 (새 종류)
6-7	
linked	연결되어 있는
form	형성하다
food chain	먹이사슬
attack	공격하다
nobody else	다른 아무도 ~하지 않다
8-9	
suppose	가정하다
slightly	약간
10-11	
meal	식사
several	몇몇의
draw	그리다
might	아마 ~일 것이다
fuel	연료
alive	살아 있는
grow	자라다, 성장하다
catch	잡다
flow	흐름
arrow	화살표
path	경로
12-13	

count	(수를) 세다
alike	서로 같은, 비슷한
begin	시작하다
depend on~	~에 의존하다

14-15

bark	나무 껍질
grasshopper	메뚜기
blade	(벼과 식물의) 잎사귀
library	도서관
have seen	본 적이 있다

16-17

oak tree	오크나무 (떡갈나무)
beetle	딱정벌레
bore	구멍을 뚫다
trunk	(나무) 줄기
acorn	도토리
squirrel	다람쥐
chipmunk	(동물) 다람쥐의 일종
blue jay	(조류) 큰 어치
deer	사슴
seed	씨앗
bud	꽃봉오리
insect	곤충
snail	달팽이

18-19

weasel	족제비
bobcat	살쾡이
fox	여우
coyote	코요테
branch	뻗쳐 있는
direction	방향
food web	먹이망

20-21

anchovy	멸치
Atlantic	대서양의
mackerel	고등어
snapper	도미
barracuda	(어류) 참꼬치류

22-23

microscope	현미경
kelp	다시마
sea lettuce	(식물) 파래
Cladophora	(바다에 사는 녹조류) 클라도포라
red algae	홍조류
tarpon	(어류) 타폰
herring	(어류) 청어

레벨 3의 중반 정도가 되면 파닉스는 거의 끝나고 이제는 문법을 본격적으로 시작해야 한다. 현재/과거/미래 시제를 전부 익혀야 하며 형용사와 부사의 개념도 배운다. 또한 동사의 과거형에서 불규칙 동사도 이 단계에서 배우게 된다. 이때는 반복적으로 동사의 과거형/미래형/과거완료형을 외우는 시험을 자주 보면서 시제의 개념을 아이들에게

철저히 익히게 해야 한다. 부록에 실린 Level Exit Test 3의 Grammar 부분을 참조하기 바란다.

레벨 3에서 교재로 쓰면 좋은 문법책으로 한글은 전혀 없고 영어 문장과 회화로 이루어진 《Essential Grammar in Use》를 추천한다. 영어 교재를 택하는 이유는, 몰입식 엉어에 익숙한 학생들에게는 영어 문장과 말하기를 통해 자연스레 문법을 익히게 하는 방식이 한국 문법책보다 더 효과적이기 때문이다. 이 책 이외에도 영어를 통해 현재/과거/미래 시제를 다양하게 익힐 수 있는 유명한 미국 출판사의 영어 교재 책이면 괜찮다.

여기서 중요한 것은 문법 역시 꾸준히 정기적으로 해야 효과를 볼 수 있다는 점이다. 따라서 주 2회 주기적으로 실시하고 한꺼번에 많은 양을 진도 나가려고 욕심 부리지 말고 단원(Unit) 1~2개 정도 선에서 공부하되, 아이의 학습 수준에 따라 진도를 늦추거나 더 나가면 된다.

마지막으로 이 단계에서는 주 2회 정도 빠지지 않고 시험(읽기 관련 시험 1번, 문법 시험 1번)을 봐야 하며, 숙제도 단어 쓰기, 스토리북 2번 듣기, 문법 1단원(Unit) 중 2~3번 정도 풀기 등 필요에 따라 주 3회 정도 조금씩 내주기 시작하는 것이 좋다.

커리큘럼 시행 효과 >>

읽기 : 그동안 쌓은 스토리북 읽기 실력을 통해 단어 실력이 현저하게 늘고, 그다지 어렵지 않은 웬만한 영어책을 읽고 이해할 수 있게

된다.

쓰기 : 문법을 공부한 효과로 Be동사와 일반동사, 현재/과거/미래라는 시제의 개념과 문장의 구조를 이해하게 되면서, 시제가 가끔 틀리기는 하지만 문법적으로 올바른 문장을 쓰고 말할 수 있게 된다.

듣기와 말하기 : 제한된 단어를 사용하고 표현이 서툴기는 하지만 외국인과 기본적인 회화를 할 수 있고 발음이 아주 좋아진다.

| 레벨 3이 어렵다면 레벨 1, 2를 반복하라 |

복합적인 이해를 본격적으로 요구하는 레벨 3의 경우, 레벨 1과 2에서 간신히 따라잡았더라도 이 단계에서 방향을 잃고 헤매는 아이들이 있다. 심지어 레벨 1, 2조차 완전히 익히지 못한 상황에서 어려운 문제에 부딪히면 아예 자신감을 잃는 경우도 있다. 앞에서 이야기했던 한솔이 바로 그랬다.

한솔은 본래부터 언어지능이 높지 않아 한글을 익히는 데도 남달리 오랜 시간이 걸렸다고 말씀드렸다. 나와 처음 만났을 때 한솔은 표정이 어둡고 자신감이 많이 떨어진 상황이었다. 내가 "열심히 하면 잘하게 될 거야. 한번 같이 해보자" 하고 말하자, "전 영어 못해요. 보나마나 꼴찌 할 거예요"라고 대단히 비관적이고 부정적인 태도를 보였다.

한솔은 레벨 1도 잘 따라가지 못하는 상태였는데, 반 친구들은 이미 레벨 2로 올라간 상황이었다. 한솔은 다른 아이들보다 언어 습득이 늦은 탓에 진도를 따라잡지 못했다. 그런데 무조건 따라가려고 하다 보니 자꾸 지치고 급기야 완전 포기 상태까지 이른 것이다. 나는 곧바로 한솔의 어머니께 여름 방학에 특별 보충 수업을 할 것을 제안했다. 한솔은 그래도 자기는 못할 것이라고 말했다. 하지만 나는 가까스로 한솔과 한솔의 어머니를 설득해 한솔을 또래 레벨보다 낮은 레벨 1에 다시 넣었다. 그리고 다른 학생들이 1년 안에 끝내는 과정인 레벨 2 과정도 총 2년에 걸쳐 느긋하게 시간을 두고 끝냈다. 그렇게 하나씩하나씩 거북이걸음으로 천천히 확실하게 기초를 다진 결과, 한솔은 좀 늦기는 했지만 꿈에 그리던 중급반인 레벨 3 과정으로 올라가게 되었다.

그런데 레벨 3으로 올라가자 상황이 역전됐다. 레벨 2 과정을 두 번이나 반복한 덕에 한솔은 기본 회화와 읽기 실력, 기본 문법에 대한 이해도가 보통 아이들보다 탄탄했다. 그래서인지 약 50여 권의 스토리북을 읽어야 하는 중급반인 레벨 3 과정이 한솔에게 그다지 어렵게 느껴지지 않는 듯했다. 결국 한솔은 레벨 3 과정부터는 다른 학생들과 비슷한 속도로 공부하기 시작하더니 나중에는 중간에 들어온 다른 학생들보다 훨씬 빠른 속도로 영어 실력이 늘었다.

즉 한솔은 레벨 1, 레벨 2 과정을 반복함으로써 기초실력을 탄탄히 쌓은 것이다. 덕분에 본격적인 읽기와 문법이 강화되는 중급 과정인 레벨 3 과정을 오히려 무리 없이 잘 소화해낼 수 있었다. 그렇게 자신감이 붙자 영어 실력이 급속도로 올라간 것이다. 그러니 이미 늦었다고 생각하고 자신은 못한다고 생각했던 한솔의 태도도 당연히 달라졌다. 언제부터인가 한솔은 다른 어른들이 “어때? 영어 재밌니? 어렵지 않아?” 물으면 “그런대로 할 만해요”라고 웃으며 답하기 시작했다. 그리곤 상급반인 레벨 4로 올라가게 되자, 한솔은 얼굴에 미소를 가득 지으며 자신이 상급반으로 올라갔다는 사실을 믿기 어려워하는 듯했다. 한솔의 그 같은 변화는 선생님들과 부모님, 같이 공부하는 친구들에게 큰 용기를 주었다.

아이가 레벨 3단계쯤 올라와 헤매거나 어렵게 느끼고 더디게 공부한다고 해서 너무 실망할 필요는 없다. 영어학습은 첫째, 절대 포기하지 않는 것에서 시작한다. 날마다 거북이처럼 엉금엉금 기어가다 보면 3년쯤 뒤에는 그 거북이 발에 엔진이 달려 토끼 못지않게 빨리 달리게 되는 날이 온다. 둘째, 영어는 반복해서 기초를 쌓으면 쌓을수록 실력이 탄탄해진다. 아이가 레벨 3 과정을 힘들어한다면, 기초공사가 잘된 건물은 웬만한 지진에도 끄떡없다는 마음가짐으로 자존심 따위는 버리고 레벨 2를 다시 반복해야 한다.

실제로 한솔이 오랜 거북이걸음 끝에 중급반인 레벨 3 과정을 무사히 마치고 레벨 테스트를 거쳐 레벨 4로 올라가기까지, 그 과정은 한솔 본인도 믿어지지 않는다고 할 정도로 결코 쉽지 않았다. 그러나 한솔은 해냈고, 한솔 말고 또 다른 아이들도 앞으로 계속 한솔과 같은 길을 걸을 것이다.

레벨 3(초등 3학년) 커리큘럼의 난이도는 부록의 Level Exit Test를 보자. 이 테스트에서 약 70% 정도 정답을 맞히면 미국의 초등 2학년 수준이라고 볼 수 있다.

L e v e l

4

초등 4·5학년 커리큘럼

학습 목표 >>

이 단계는 중상급 영어 수준으로, 미국 초등학교 3학년 커리큘럼을 ESL화한 내용으로 공부하는 게 좋다. 문법과 쓰기를 분리시켜 쓰기에 보다 중점을 두어야 한다.

학습 내용 >>

읽기 : 총 31권의 책을 읽으면서 점차 각 챕터에 익숙해지도록 하면서 책의 핵심 내용을 요약하는 연습을 시킨다. 이는 영어 논술을 위한 논리적 사고를 키우는 과정으로 다음의 테스트가 필요하다.

- 책이 한 권씩 끝날 때마다 영 · 영 · 한 주관식 단어 시험을 본다.
- 읽기 이해 시험을 객관식이 아닌 주관식으로 실시한다.

쓰기 : 이 단계는 쓰기를 가장 강조해야 하는 시기로, 논리적 사고와 쓰기 능력을 동시에 키워주어야 한다. 문법에서는 모델 문장 쓰기로 고등문법(수동태, 관계대명사, 관계부사, 조건절 등)을 연습하게 한다. 쓰기에서는 다양한 문장의 패턴을 자연스럽게 외워서 쓰도록 Book Report 쓰기를 연습한다.

듣기와 말하기 : 책이 끝나면 몇 권씩 묶어서 듣기 테스트를 실시한다. 독후감이나 발표 원고 등을 써서 사람들 앞에서 발표하는 것이 강조되는 시기이다. 회화책 2권을 통해 보다 심도 깊은 생활회화를 익히고 의사표현하는 연습을 해야 한다.

지금까지 몰입식 커리큘럼에서 스토리북이 빠지지 않고 등장했다. 언어를 배우는 데 스토리북은 읽기와 쓰기, 듣기와 말하기를 모두 아우르는 가장 좋은 교재로, 우리가 국어를 풍부하게 배울 때 독서를 강조하는 것과 마찬가지의 이치라고 보면 된다.

레벨 4는 레벨 3의 커리큘럼이 심화된 만큼 읽기, 쓰기, 토론 등 본격적으로 지적인 영어 구사를 위한 준비 단계에 들어가게 된다. 즉 이 단계는 바로 아이의 인지 능력 발달과 영어 능력의 발달 수준이 서서히 수렴되는 가장 중요한 시기 중에 하나다. 따라서 스토리북도 좀 더 길이감이 있고 챕터(Chapter)가 나눠져 있는 것으로 선정하는 게 좋다. 이렇게 챕터에 익숙해지면 각각의 챕터를 이해하고 분석하고 요약하는 논리적 사고가 발달하게 된다.

또한 이 단계에서는 문법과 쓰기를 분리하면서 본격적으로 쓰기가 강조되어야 한다. 문법 공부는 문법적으로 올바른 문장 익히기(Sentence Writing)를 하되, 쓰기 공부는 좀 더 자유롭게 하는 게 좋다. 말이 되든 안 되든 일단 여러 문장을 이어서 하나의 단락을 만들도록 꾸준히 훈련을 시켜보자.

쓰기 공부는 다양한 주제를 통해 이루어질 수 있으나, 일단은 독후감을 중심으로 연습하면 좋고 그 이후에는 나의 꿈, 나의 장래 직업, 내가 가장 가고 싶은 나라와 그 이유 등등 여러 가지 주제로 쓰기 연습을 시키면 된다. 또한 아이가 열심히 쓰게 하려면 아이가 좋아하고 흥미를 느끼는 주제를 잡는 게 좋다. 이 단계에서 실시되는 독해 시험(Reading Comprehension Test)은 객관식이 거의 없는 주관식 위주로 이루어지면 좋다(Level Exit Test 4 Reading편 참조).

읽기와 쓰기 두 영역의 시너지 효과를 극대화하는 데는 독후감 쓰기가 가장 효과적일 수 있다. 문법적으로 정확하지 않더라도 책을 읽은 뒤 그에 대한 느낌을 자유롭게 써보라고 하고, 문법을 하나씩 짚어가며 평가하고 수정해주는 작업을 반복하도록 하자.

레벨 4까지는 계속 스토리북들을 다양하게 읽히는 게 좋은데, 그래야 고급 영어로 나아갔을 때 좀 더 어려운 내용의 텍스트들을 교재로 삼아도 부담을 갖지 않는다. 이 단계에서 읽는 스토리북의 예시는 다음과 같다.

: Level 4 Reading List 29 :

1. Falling Up(by Shel Silverstein, HarperCollins, 1996)

2. The School Yard Mystery(by Elizabeth Levy, Cartwheel, 1994)

3. The Creepy Computer Mystery(by Elizabeth Levy, Cartwheel, 1996)

4. The Snack Attack Mystery(by Elizabeth Levy, Cartwheel, 1996)

5. The Mystery of the Missing Dog(by Elizabeth Levy, Cartwheel, 1995)

6. Inside the Human Body: The Magic School Bus(by Joanna Cole, Scholastic, 1990)

7. On the Ocean Floor: The Magic School Bus(by Joanna Cole, Scholastic, 1994)

8. Lost in the Solar System: The Magic School Bus(by Joanna Cole, Scholastic, 1992)

9. It's a Dog's Life: Scholastic Read 180(by Teresa Waters, Scholastic, 2004)

10. Dragon Slayers: Scholastic Read 180(by Julia Campbell, Scholastic, 2004)

11. Mookie is Missing: Scholastic Read 180(by Carol Ghiglieri, Scholastic, 2004)

12. Invisible Boy: Scholastic Read 180(by Jerdine Nolen, Scholastic, 2003)

13. Ice Breaker: Scholastic Read 180(by John DiConsiglio, Scholastic, 2004)

14. You' re on Air: Scholastic Read 180(by Kim Feltes, Scholastic, 2004)

15. Ant Attack!: Scholastic Read 180(by Carl Stephenson, Scholastic, 2002)

16. Yummy Boy: Scholastic Read 180(by Ruth Galldgly, Scholastic, 2004)

17. Cyrano & the Nose: Scholastic Read 180(by Edmond Rostand/ NIkolai Gogol, Scholastic, 2004)

18. Teen Tragedy: Scholastic Read 180(by Julia Campbell, Scholastic, 2004)

19. First Job: Scholastic Read 180(by John Diconsiglio, Scholastic, 2004)

20. Lost Boys of Sudan: Scholastic Read 180(by John DiConsiglio, Scholastic, 2004)

21. Almost Famous: Scholastic Read 180(by Seek Hay, Scholastic, 2004)

22. Awake from a Coma: Scholastic Read 180(by J.C. Snead, Scholastic, 2004)

23. Night of the Ninjas: Magic Tree House(by Mary Pope Osborne, Random House Books for Young Readers, 1995)

24. Afternoon on the Amazon: Magic Tree House(by Mary Pope Osbourne, Random House Books for Young Readers, 1995)

25. Sunset of the Sabertooth: Magic Tree House(by Mary Pope Osbourne, Random House Books for Young Readers, 1996)

26. Midnight on the Moon: Magic Tree House(by Mary Pope Osbourne,

Random House Books for Young Readers, 1996)

27. Children Around the World(by Donata Montanari, Kids Can Press, 2004)
28. Aliens for Breakfast(by Jonathan Etra, Random House Books for Young Readers, 1988)
29. Focus on Science Level D(by Steck Vaughn, Steck Vaughn Company, 2004)

이러한 스토리북 읽기와 동시에 회화도 좀 더 깊이 있게 들어가야 한다. 레벨 3에서 배웠던 내용들을 지속적으로 보완시키되, 필요에 따라 여름방학이나 겨울방학 때 영어 마을에 데려가거나 영어 캠프를 보내 보충시키는 것도 좋다. 또한 여력이 된다면 가족이 외국 여행을 함께 계획하고 여행하면서 아이를 북돋아주는 것도 큰 도움이 될 것이다. 무릇 여행이란 여행 그 자체보다도 여행하기 전에 같이 여행할 사람들이 머리를 맞대고 여행 계획을 짜면서 더 설레일 수 있다. 아이가 주도적으로 여행 계획을 짤 수 있게 맡겨보는 것도 좋다.

문법도 좀 더 복잡한 단계로 나아가 모든 시제를 복습하면서 현재완료, 동명사, 부정사 등을 배우도록 한다. 4학년 말쯤 하는 독후감 쓰기와 영어 단락 쓰기에 본격적으로 대비할 수 있게 한다. 시험도 정규적으로 일주일에 두 번씩(한 번은 단어시험+독해시험, 또 한 번은 문법이나 쓰기 시험) 보면서 실력을 늘려나갈 필요가 있다.

커리큘럼 시행 효과 >>

읽기 : 보다 긴 챕터 위주의 책을 읽어낼 수 있으며, 책의 주요 캐릭터 분석 및 핵심 내용 파악과 책 요약이 가능해진다.

쓰기 : 시제와 고등문법을 기반으로 한 문장 구사가 가능해질 뿐 아니라, 책 요약 단락 쓰기와 독후감 쓰기 등 본격적인 쓰기 능력과 논리적 사고가 개발된다.

듣기와 말하기 : 자유로운 대화에는 약간의 제약이 있으나, 듣기 능력이 현저하게 늘고 문장 구사도 더욱 완벽해지고 논리적인 말하기 능력을 갖추게 된다.

아이에게 맞는 레벨 학습이 강점을 더 강화한다

석준은 유치원 과정 1년과 초등학교 1학년 일부를 미국에서 공부하고 한국에 돌아온 귀국자 학생이었다. 어려서부터 미국에서 살아 기본적인 스토리북 읽기나 회화도 어렵지 않게 해냈다. 나는 몇 가지 테스트를 해본 뒤 석준을 월반시키기로 마음먹었다. 석준이 가진 귀국자라는 유리한 조건을 더 크게 부각시키려면 나이에 맞는 레벨보다는, 수준에 맞는 레벨이 더 중요하다고 여겼기 때문이다.

체계적인 영어학습은 실력이 부족한 아이에게만 필요한 것이 아니다. 학습 능력이 뛰어나거나 조건이 좋은 학생도 그 수준에 맞는 학습 방향과 학습 수준을 적절히 제공하지 못하면 실력이 떨어질 수 있다.

예를 들면 한글을 다 뗀 아이가 가나다를 배우는 수업만 듣게 된다면 어떨까? 그 아이는 지루해서 몸을 비틀고 성취의 즐거움을 잃어버리게 된다. 석준은 대략 레벨 2 후반부에 시작해서 레벨 3까지 무난히 마치고 다른 아이들보다 훨씬 빨리 상급반인 레벨 4로 올라갔다.

당시 레벨 4 클래스 학생들은 대부분 6학년 여학생들이었다. 석준은 그 반에서 유일한 남학생이자 3학년 학생이었다. 거기다 외국에서 살다 온 덕분에 어학 능력은 좋았지만 인지 능력은 다른 아이들보다 낮아서, 스토리북을 읽어도 내용의 깊은 뜻이나 복잡한 스토리 구성을 이해하지 못할 때가 있었다. 그러다 보니 석준이 수업 시간에 발표는 제일 많이 했지만 늘 6학년 누나들에게 "아니라니까(No)" "틀렸어(You' re wrong)"라고 지적을 받곤 했다.

그러나 석준에게는 타고난 능력, 남의 핀잔에 개의치 않고 열심히 배우려고 하는 열린 성격을 가지고 있었다. 실제로 성격이 밝은 학생들이 외국어를 더 잘 배운다. 틀려서 지적을 받더라도 계속 시도하기 때문이다. 그래서인지 석준은 같은 반 누나들이 계속 지적을 해도 그에 굴하지 않고 꿋꿋이 수업 시간마다 손을 들고 발표를 계속했다. 레벨 4는 문법과 쓰기가 많이 강조되는 과정으로 석준은 공부 잘하고 성격 드센 6학년 누나들에게 치이기도 했지만, 1년간 열심히 공부하더니 읽기 능력뿐 아니라 영어 문법과 쓰기 실력이 크게 향상되었다.

석준은 그 반에 남학생들이 없다고 불평하지도 않았고, 누나들이 뭐라고 하건 말건 자기 영어 공부를 하고 계속 손을 들고 발표를 했다. 핀잔을 받아도 발표를 또 하고 또 하고 하면서 자기 본연의 업무, 즉 영어 수업에만 집중한 결과 실력이 기대 이상으로 확 는 것이다. 나중에는 6학년 누나들도 3학년인 석준이 귀엽다며 서로 챙겨주어 수업 분위기도 좋아졌다. 이처럼 약 1년간 상급 과정을 누나들과 진행하고 레벨 4 과정을 끝낼 때쯤 되자, 석준은 영어 실력뿐만이 아니라 지적인 면에서나 사회성 면에서도 큰 발전을 이루었다. 석준의 어머니는 "연상 누나들과 공부하더니 더 빨리 의젓해진 것 같아요"라고 좋아했다.

석준은 드디어 귀국자반인 레벨 5로 올라간 이후에 또래의 다른 귀국자 아이들과 함께 공부하게 되었고, 다양한 과목을 영어로 배우면서 논리지능까지 빠르게 발달했다.

L e v e l

5·6

초등 5·6학년 커리큘럼

학습 목표 >>

레벨 5 이상의 단계는 귀국자반(Returnee Class)에 준하는 단계로서 영어 상급반에 해당하며, 약 2년 혹은 그 이상을 계속해야 한다. 주로 미국 초등학교 5, 6학년들이 배우는 커리큘럼으로 '영어'라는 외국어에서 한 발짝 더 나아가, 다양한 과목을 영어로 배움으로써 다양한 지적 능력까지 키울 수 있어야 한다.

학습 내용 >>

읽기 : 이 단계에서는 영어라는 매체를 통해 과학, 사회, 문학 등 폭넓은 지식을 영어로 습득하는 상급반 수업을 진행해야 한다. 따라서 이 단계에서 사용되는 교재들은 단순한 스토리북을 넘어 다양한 지

식들을 풍부하게 담은 과학책, 긴 소설, 역사나 심리 사회에 관한 주제를 다루는 사회과학 책들을 주요 읽기 교재로 삼는 게 좋다.

쓰기 : 문법 총정리로 상급 문법의 개요를 정확히 파악하게 한 다음 자신이 배운 것을 아웃풋으로 표현할 수 있는 단락 쓰기를 반복함으로써, 독후감에서 한 단계 나아간 논리적 글쓰기 훈련을 하게 한다.

듣기와 말하기 : 듣기는 주로 미국 뉴스나 긴 소설의 오디오 테이프를 활용하는 것이 좋고, 말하기는 공부하는 주제에 대한 토론이나 자신의 의견을 발표시키는 연습이 좋다.

많은 전문가들은 미국 초등학교 6학년 커리큘럼이 우리나라 고 3 수능 수준에 가깝다고 평한다. 즉 이 레벨 5와 레벨 6의 2년 커리큘럼을 잘 마친 초등학생들은 고 3 수능 시험도 볼 수 있다는 뜻이다.

실제로 우리 영어교육센터에서도 호주 유학을 계획 중인 고등학교 2학년 여학생이 외국에서 살다 온 귀국자 초등학생 반에서 3개월간 공부한 적이 있었다. 그런데 레벨 5 이상인 귀국자 레벨에서 2년 이상 공부한 초등학생들이 고등학교 2학년보다 더 자유롭게 영어를 구사하고 실력도 좋았다. 흔히 국내에서 이 단계까지 올라가서 다음 단계까지 3년 이상 열심히 공부한 학생의 경우, IBT 토플 성적을 100~110점까지 받을 수 있게 된다. 즉 레벨 6까지의 과정을 마치고 나면, 영어 실력에 한해서는 특목고 진학이 가능한 수준까지 오르게 된다.

이 레벨에서 소개할 다음 책들은 미국 학생들이 배우는 리스트와 거의 비슷하게 구성된 것이다.

: Reading List 16 :

1. The Little Prince(by Antoine De Saint Exupéry, Mariner Books, 2000)
2. Charlie and the Chocolate Factory(by Roald Dahl, Puffin, 2007)
3. Surviving the Applewhites(Stephanie S. Tolan, HarperCollins, 2003)
4. The Wonderful Wizard of OZ(L. Frank Baum, HarperCollins, 2000)
5. Focus on Science Level E(by Steck Vaughn, Steck Vaughn, 2004)
6. The BFG(by Roald Dahl, Puffin, 2007)
7. Half Magic(by Edward Eager, Harcourt Children's Books, 2004)
8. The Phantom Tollbooth(by Norton Juster, Random House, 1988)
9. Everything on a Waffle(by Polly Horvath, Square Fish, 2008)
10. Dragon Rider(by Cornelia Funke, The Chicken House, 2004)
11. Prentice Hall Science Exploring Earth's Weather(by Anthea Maton, Pearson Prentice Hall, 1997)
12. The Case of the Mossy Lake Monster(by Michele Torrey, Penguin USA, 2002)
13. HOOT(by Carl Hiaasen, Random House Childrens Books, 2002)
14. A Wrinkle in Time(by Madeleine L'Engle, Square Fish, 2007)
15. What Your Fifth Grader Needs to Know(by E. D. Hirsch Jr., Delta, 2007)

16. What Your 6th Grader Needs to Know: The Core Knowledge Series(by E. D. Hirsch Jr. Delta, 2007)

이 책 리스트는 영어 실력 향상은 물론, 전반적인 지식 획득을 목표로 하는 이 단계에 가장 적합한 책들이다. 이처럼 초등학교 시절 다양한 교재들을 통해 과학, 소설, 사회과학 등 여러 방면의 지식을 쌓아두면, 아이의 지적 발달에 아주 유리한 효과를 얻을 수 있다. 초등학교 시절 배우는 귀국자 커리큘럼은 일단 논리지능과 언어지능이라는 다양한 지능개발에도 아주 도움이 되고, 국제감각을 길러주면서 정서개발에도 도움이 된다.

또한 영어 실력 측면에서도 5~6학년에 걸쳐 이 방대한 커리큘럼의 지식을 흡수하면서 영어의 기초체력을 강화시키게 된다. 그러면 중학교 이후 입시경쟁에서 더 높이 도약할 수 있는 기초공사를 탄탄히 하는 셈이므로, 동기부여만 된다면 영어 입시경쟁에서도 시간 절약과 폭발적인 성적 향상을 기대할 수 있다. 또한 사고력이 확장되고 지식이 늘어나는 만큼 지능과 학습 능력의 개발에도 도움이 된다.

위의 책 중에서 《The Little Prince》(Antoine De Saint Exupery)는 그 전 레벨에서 읽혀도 좋고 이 단계에서 읽혀도 좋다. 난이도도 높은 편이고 내용도 어려워 초등 고학년에서 읽히는 것이 더 나을 수도 있다는 것을 기억하자.

또 《What Your 6th Grader Needs to Know》는 미국의 초등학교 6학년 교재로 레벨 6단계에서 꼭 읽어야 할 필독서이다. 한번은 IBT 토플에 이 교재에 실린 미술사에 관한 지문이 나온 적이 있는데, 그 난이도가 우리나라 고등학교 3학년 수능 영어와 수준이 비슷했다. 다시 말해 여기서 제시한 커리큘럼을 6년간 충실히 따른다면, 일반적으로 그 아이의 영어 실력이 국내 고등학교 3학년 학생들의 수준까지 높아질 수 있다는 의미이다.

레벨 5 이상부터의 듣기 연습은 다음과 같이 진행하면 좋다. 첫째, 다양한 스토리북의 오디오 테이프 듣기를 시킨다. 둘째, CNN뉴스, 블룸버그 뉴스 등 다양한 뉴스를 듣고 이해하는 시사 듣기 연습을 시킨다. 셋째, 직접 원어민 선생님의 강의나 외국 학생들의 수업 내용을 온라인으로 듣게 하면 효과적이다.

말하기는 주로 자신이 쓴 원고를 외워서 발표하는 스피치(Speech) 연습, 다양한 수업 주제에 대해 선생님의 질문에 답하고 토론하는, 문답과 토론 연습으로 나누어진다. 이외 주제별 자유 회화도 큰 도움이 된다.

문법은 이 단계의 초반부에서 총정리 형태로 한 번 정리를 하고, 상급 문법 총정리가 끝나면 그 다음부터는 고급 단락 쓰기와 에세이 쓰기 연습이 필요하다. 이 단계의 영어 단락 쓰기는 논리적인 사고와 논리적 전개를 바탕으로 해야 한다. 다음 다섯 가지 종류의 단락 유형을 알아두면 도움이 될 것이다.

Paragraph의 종류

1. Descriptive Paragraph(묘사형 단락)

예시

The island, Koh Phi Phi, is on the western side of Thailand. The finy, but fascinating island is a playground for some of the most adventurous tourists. This tropical paradise is easy to fall in love with, and is overwhelming hard to leave. The turquoise blue waters combined with the slanted palm trees on the beach make it easily one of the most beautiful places in the world.

2. Comparison Paragraph(비교형 단락)

예시

America and Canada are similar in their people, continent, and culture. Most of the people who live in America originally came from Europe. A lot of Canadians came from France. America is located on the North American Continent. Canada is locaten north of America on the same continent. The American culture revolves around American football. The canadians have a Canadian football league.

3. Contrasting Paragraph(대조형 단락)

예시

Girls and Boys have different hair styles, body sizes, and habits. First, girls usually have much longer hair than boys. Girl's hair comes can come down to their waste, while boy's hair rarely goes past the neck. Second, girls have much smaller bodies than boys. Guys usually tower over their girlfriends. Finally, girls like to play dress up, and boys like to play video games.

4. Persuasive Paragraph(설득형 단락)

예시 Emory University should have a vacation day for President's Day. This day is in place to celebrate all that presidents have done for the United States. The University is off for Martin Luther King Day, but not for President's Day. There have been more than forty Presidents in United States history, but only one Martin Luther King Jr. Second, former President Jimmy Carter is a proffessor at the university. It is an insult to him to not have this day as a holiday. Finally, the extra day of vacation would allow students at the University to travel home for a long weekend. This would be a great way to encourage students to work harder when they first get back to school. Because this holiday would benefit Professor Carter and the entire student body, the administration should take action.

5. Opinion Paragraph(의견형 단락)

예시 I think that all English speaking adults should read *The Economist*. This magazine covers the major news stories from all over the world. It informs readers about issues that are not typically covered by the media. Some stories, such as the genocide currently taking place in the Sudan, are discussed quite frequently in this magazine. This magazine can also provice a way for English speaking adults to improve their vocabulary. Most importantly, this magazine educates its readers. All adults who speak English should read *The Economist*.

이 다섯 가지 유형을 잘 배합하면 논리적이고도 풍부하며 설득력 있는 단락을 쓸 수 있다. 이중에 특히 의견형 단락의 경우는 IBT 토플에서 많이 요구되는 것으로, 아이가 자신의 주장을 펼칠 때 요긴하게 활용할 수 있다. 그러나 비단 IBT 토플 시험을 위해서가 아니라 차후에 고급 에세이 쓰기에 도전하려면 각각의 유형들에서 많은 경험을 쌓는 것이 좋다.

레벨 6에서는 기본적으로 레벨 5와 비슷한 방식으로 미국식 수업을 진행하되, 수업 내용을 좀 더 심화하는 게 좋다. 텍스트도 좀 더 어려운 것으로 선택하고, 아이가 직접 리서치를 해야 하는 프로젝트나 토론 등의 학습 방식으로 자연스럽게 아이를 학습에 적극적으로 참여시키는 형태로 진행해보라. 이 시기의 시험은 단어 시험, 주관식 에세이 쓰기 등 미국식 테스트 형식으로 진행하는 게 좋다.

단어 시험은 오른쪽 페이지의 영·영·한 테스트를 참조하기 바란다. 에세이의 주제는 다양하게 정하되 이 단계에서는 신문에 나오는 시사적인 것이나 환경문제, 인종차별 같은 조금 심도 있는 것으로 정해도 좋다.

: 영·영·한 테스트 샘플 : Charlie and the Chocolate Factory Word list :

afford	v	to be able to buy or do something	여유가 있다
helping	n	an amount of food given to one person at one time	한 그릇
starve	v	to (cause to) become very weak or die because there is not enough food to eat	굶주리다
munch	v	to eat something, especially noisily	와삭와삭 먹다
pure	a	clean, not mixed with anything else	순수한
torture	v	to cause mental pain	고문하다
marvelous	a	extremely good	굉장한
inventor	n	a person who creates something which has never been made before	발명가
tremendous	a	very great in amount or level, or extremely good	엄청난
clever	a	smart, skilful	영리한
amazing	a	extremely surprising	놀라운
fantastic	a	extremely good	멋진
extraordinary	a	very unusual, special	특별한
absolutely	ad	completely	완전히
absurd	a	ridiculous, unreasonable, foolish	어리석은
enormous	a	extremely large	거대한
gobble (up)	v	to eat	통째로 삼키다
dotty	a	strange	미친
pull (my) leg		to try to persuade someone to believe something which is not true as a joke	농담하다
stammer	v	to speak or say something with unusual pauses or repeated sounds	말을 더듬다
jealous	a	unhappy and angry because someone has something or someone you want	질투심 많은

커리큘럼 시행 효과 >>

읽기 : 스토리북의 이야기 구조를 넘어 교과 과목과 관련해 더욱 전문적이고 지적인 책들을 읽을 수 있게 된다.

쓰기 : 문법 총정리를 통해 문법 개요가 탄탄해지고 유형별 쓰기 능력이 강화되어, 단순한 독후감에서 나아가 논리적이고 풍부하며 설득력 있는 단락을 쓸 수 있게 된다.

듣기와 말하기 : 대부분의 수업 내용을 이해할 수 있게 되고, 선생님의 질문에 답할 수 있으며 주제별로 간단한 토론도 할 수 있게 된다.

| 영어만 잘 배워도 더 똑똑해진다 |

미국에서 1년 이상 살다 온 귀국자 학생이었던 제인은 한두 달의 적응 기간을 거치고, 6학년이 되면서 무리 없이 귀국자 반인 레벨 5를 시작했다. 또 다른 학생 벤은 국내파 중학교 1학년 학생으로, 두 아이 모두 영어를 열심히 했고 실력도 좋았다.

제인과 벤은 영어 독해 및 이해력 수준이 상당히 높다. 자연스레 영어 소설, 사회과학 책, 자연과학 책 등 다양한 분야의 책들을 원서로 읽었다. 그런 다음 영·영·한으로 단어 시험을 보고, 또다시 그 내용에 대해서 미국식으로 시험을 치는 과정을 꾸준히 반복했다.

이러한 수업 방식은 미국의 한 교실을 한국에 옮겨놓은 것과 크게 다르지 않은 분위기였다. 두 아이는 미국식 수업과 거의 똑같은 방식으로 공부하며, 영어에 대한 적응도를 높여 당장 외국에 나가도 큰 문제가 없을 정도로 영어 실력이 늘었다. 뿐만 아니라, 많은 독서량과 영어로 학습 점검을 거치면서 다른 과목들에서도 성장을 거듭했다. 결국 이 두 아이는 3년 후에 영어는 물론 다른 교과 성적에서도 좋은 점수를 받아 각각 다른 서울 소재 외고에 진학했다.

이처럼 영어를 어렸을 때 시작해 초등 고학년이나 중등 초기에 상급반이 올라갈 경우, 그 플러스 효과는 생각하는 것 이상이다. 다른 아이들이 문법이나 읽기, 듣기에 애를 쓸 때 이미 이 아이들은 영어로 교과목 공부를 하면서 자연스레 사고를 키울 수 있기 때문이다.

따라서 처음 영어를 시작할 때는 단순히 특목고 진학만을 염두에 두고 접근하지 않는 게 좋다. 영어로 사고하고 영어로 토론할 수 있는 귀국자 수준의 상급반을 목표로 차근차근 영어 실력을 쌓아나가려는 근본적인 접근 태도가 필요하다.

5~6년이라는 나름대로 긴 매일매일의 영어 공부 과정, 오랜 시간 동안의 연습과 수백 번의 쪽지시험을 거쳐 레벨 5나 6의 상급반에 들어갈 때, 비로소 그동안의 영어 공부가 더 활짝 꽃을 피울 수 있다는 점을 기억하자. 거듭 말하지만 영어 공부는 얼마나 빨리 배우는가보다 기본기가 충실하면 충실할수록 더 멀리 갈 수 있는 게임이라는 사실을 다시 한 번 강조한다. 그리고 어학을 하다보면 매일매일 진전이 없어 보이더라도 어느 순간 실력이 확 늘어 있는 것을 깨닫게 될 것이다. 그러니 아이가 힘들어 하면 엄마가 우선 확신하고 아이한테도 그 믿음을 계속 심어주자.

| 영어는 더 넓은 세상으로 향하는 통로다 |

로버트는 미국에서 2년 정도 공부하다 온 귀국자 학생으로 중학교 때 우리 영어센터를 찾아왔다. 로버트와 그의 부모는 민사고에 들어가는 것을 목표로 하고 있었다. 로버트의 어머니와 이야기해보고 나서 로버트에게는 특별 지도가 효과적이리라는 판단이 섰다.

MI(다중지능) 검사 결과를 보니 로버트는 논리수리지능이 뛰어난 스페셜리스트 패턴으로, 여러 면에서 나중에 박사 학위를 받고 교수나 연구원이 될 가능성이 많이 보였다. 또한 로버트 자신도 계획성 있는 학생으로, 단기 공부 계획은 물론 장기 공부 계획까지 세워두고 있었다.

로버트의 특별 지도는 바로 이 부분에 주안점을 두고 시작됐다. 영어 자체만 보면 이미 높은 수준의 궤도에 올랐지만, 그것만으로는 부족했다. 로버트가 영어 공부를 통해 좀 더 논리적으로 자신의 생각을 말하고 에세이를 쓸 수 있기를 기대한다면, 보다 지적이고 체계적인 미국 중학교 식의 학습 방법이 필요했다.

로버트는 아주 뛰어난 학생이었으므로 수준 높은 지도가 필요해서 다른 학생들과 함께 수업하기가 마땅치 않았다. 그래서 나는 로버트를 위해 레벨 6 프로그램을 좀 더 수준 높게 변형해서 따로 미국 명문 사립 중학교의 커리큘럼을 적용해서 공부를 시켰다. 그러자 로버트도 물고기가 물을 만난듯 아주 신나게 공부했고, 3년 후에 아무 어려움 없이 민사고에 합격했다. 이후에도 로버트같이 실력이 뛰어난 학생들한테는 이 프로그램으로 계속 공부를 시키곤 했다.

몰입식 영어 커리큘럼 마무리의 꽃, IBT 토플

이제 레벨 6 이상의 단계로 가면 IBT 토플에 대한 준비를 시작해야 한다. 따라서 이 단계에서는 이 IBT 토플의 핵심요소를 공부하는 과정이 반드시 필요하며, 다양한 영어 지문 읽기와 영어 스피치 연습, 논리적인 영어 에세이 쓰기 연습을 강화시켜야 한다. IBT 토플 시험의 범위는 너무나 방대하고 그 수준도 높아서, 기초체력을 강화시키는 작업을 6개월 이상 한 후에 구체적인 시험 준비를 할 필요가 있다.

초등 1학년에서 6학년까지 초등학교 커리큘럼으로 주 5회 원어민 교육을 꾸준히 받은 학생들은 영어의 기초체력을 확실히 쌓아 이 단계에서도 영어 실력이 급속히 향상된다. 그리고 초등 6학년을 졸업할 때쯤 IBT 토플 시험을 한 번 보면, 중학교 이상의 공부를 할 때 자주 있을 영어 시험에 대한 형식과 감각을 익힐 수 있는 좋은 기회가 된다. 또한 IBT 토플에서 좋은 점수를 받는다면, 영어 내신은 거의 무리 없이 높은 성적을 유지할 수 있다는 뜻과 다름없다.

IBT 토플은 영어의 어느 한 분야만 잘해서 되는 것이 아니라, 전반적인 4대 영역에 대한 탄탄한 기초와 꾸준한 훈련이 있어야 좋은 점수를 얻을 수 있다. 그런 의미에서 IBT 토플은 지금까지 소개한 몰입식 영어 커리큘럼을 정리하는 마무리의 꽃이라고 볼 수 있다. 초등 6년 영어 수업을 마무리 지을 때 IBT 토플 시험을 쳐보게 하면 여러모로 좋은 잣대가 되고 자신감도 얻을 수 있을 것이다. 뿐만 아니라 앞으로 있을 수능 시험 같은 큰 시험에 대비하는 담력을 길러주는 좋은 기회가 되기도 할 것이다.

IBT 토플 시험에서 좋은 성적이 나오기 위해서는 영어의 기초실력이 가장 중요하고, 그다음 약 2~6개월 정도 IBT 토플 준비를 집중적으로 할 필요가 있다. 마지막으로 시험 당일 아침에 일찍 깨서 실전 문제들을 한 번씩 전부 풀어보는 연습을 해두어야 한다. 이는 일종의 두뇌 체조(brain exercise)인데 IBT 토플 시험을 본 모든 학생들이 시험날 아침에 모의 IBT 시험을 한번 해보면서 두뇌를 깨워놓고 시험을 보러 갔더니 훨씬 더 성적이 잘 나왔다고 대답했다.

: IBT 토플의 핵심요소 :

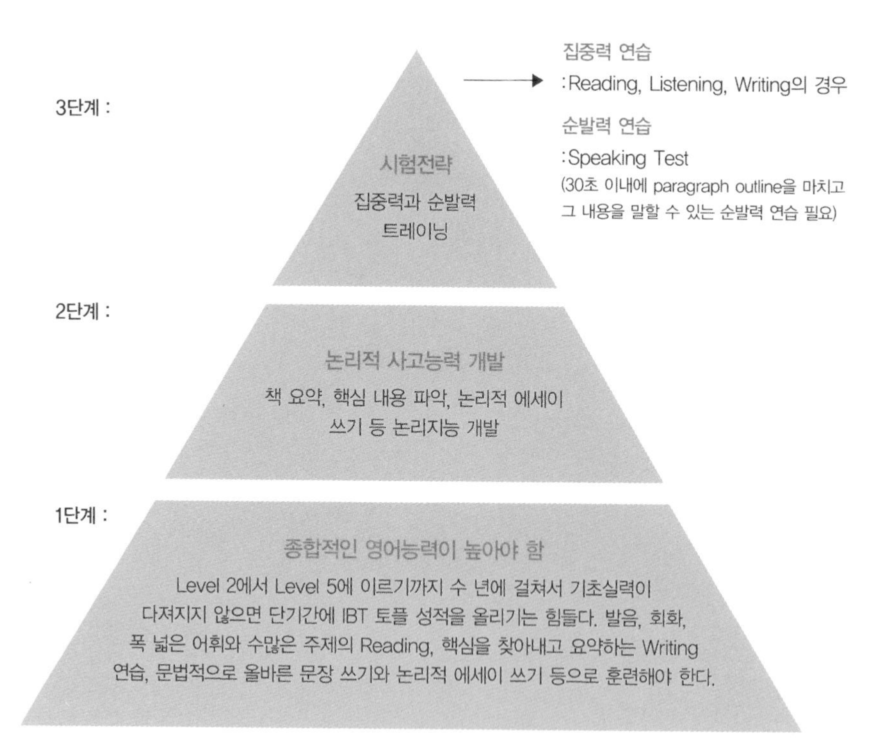

지금까지 미국 유치원에서 미국의 초등 5~6학년 과정에 달하는 커리큘럼을 레벨 1에서 레벨 5까지로 요약해서 소개했다. 이처럼 미국식 커리큘럼으로 거의 한 달도 쉬지 않고 주 5회 학습을 하고 방학 때마다 취약한 부분을 보강하는 학습을 한다면, 외국 연수 없이도 한국에서 충분히 최고의 고급 영어를 익힐 수 있다. 또한 고학년이 되어 지적인 영어학습을 곁들인다면 인지 능력과 영어 실력이 비슷하게 발달하며 시너지를 이루는 효과도 볼 수 있다는 것을 꼭 기억하자.

물론 이런 방대한 커리큘럼을 부모만의 노력으로 아이에게 가르치기는 힘들 수 있다. 하지만 부모가 최소한 어느 정도의 난이도를 가진 책들을 읽혀야 하고, 어떤 원칙으로 아이에게 영어 공부를 시켜야 하는지, 이러한 기본적인 내용만 이해해도 아이의 영어 실력 향상에 큰 도움을 주는 코치 역할을 훌륭히 해낼 수 있을 것이다.

또 몰입과 적성이라는 두 가지 원칙에 근거해서 아이의 MI(다중지능)를 파악하고, 아이의 수준에 맞는 영어 공부를 날마다 2400시간 이상 몰입해서 공부할 수 있도록 부모님이 곁에서 코치할 수 있다면, 아이의 영어 실력은 아주 빠르게 향상될 수 있을 것이다.

기억하자, 아이의 영어 실력은 부모가 결정할 수 있다는 사실을!

■ **일러두기**

부록 Level Exit Test 답안은 마리북스 홈페이지(www.maribooks.com) 자료실에서 다운로드 하실 수 있습니다.

Level 1

1. Multiple Choice Vocabulary Test

Circle the correct word for each picture. Make sure to use phonics sounds!

다음 그림에 알맞은 단어에 동그라미를 하세요. 발음 연습을 하는 것도 잊지 마세요!

 cookies legs cake	 neck nose knee	 doctor cook hand	 bread soup brown
 cook carrot house	 lips fish leg	 nurse fisherman farmer	 elbow leg toe
 teacher student storm	 cherry sofa apple	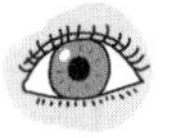 nose ear eye	 pumpkin pear peach
 mouth mouse arms	 finger foot fish	 leg arm finger	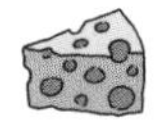 cheese carrot chest
 foot hand ankle	 dog dish doctor	 teacher friend teller	 teeth dish donut

hand elbow arm	water grapes watermelon	pizza boy oval hospital	rainy sunny rainbow

peach onion bread	radish apple rainbow	ice cube ice cream lemon	clown cook cactus
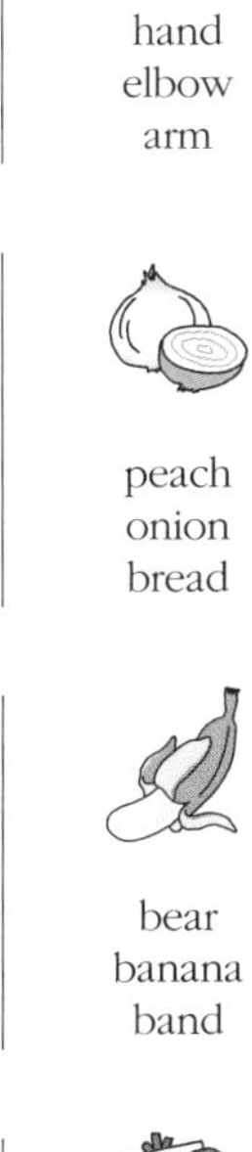			
bear banana band	orange pasta pepper	singer lion student	train tornado turtle

artist arm angry	toe tomato fish	leg neck nose	fish fly frog

arm apple egg	policeman father fisherman	student sandwich cake	skier sofa seat

Circle the correct word for each picture. Make sure to use phonics sounds!

다음 그림에 알맞은 단어에 동그라미를 하세요. 발음 연습을 하는 것도 잊지 마세요!

fish rabbit rainy	turtle forest fish	camel dog rhino	kitchen cat chicken

cake camel koala	cow duck zebra	snowy snake snail	tree cactus koala

kangaroo kid knee	lobster lion leg	apple moose mailman	bird bear back

stove strawberries skunk	tornado rabbit rainbow	dolphin doll dish	windy sunny winter

snack snake star	vet tree horse	olive octopus host	pineapple pickle policeman

2. Matching Vocabulary Test

Write the correct names of the rooms in the blank spaces.

다음 그림을 잘 보고 빈칸에 알맞은 단어를 써보세요.

House Rooms

bedroom	kitchen
living room	bathroom

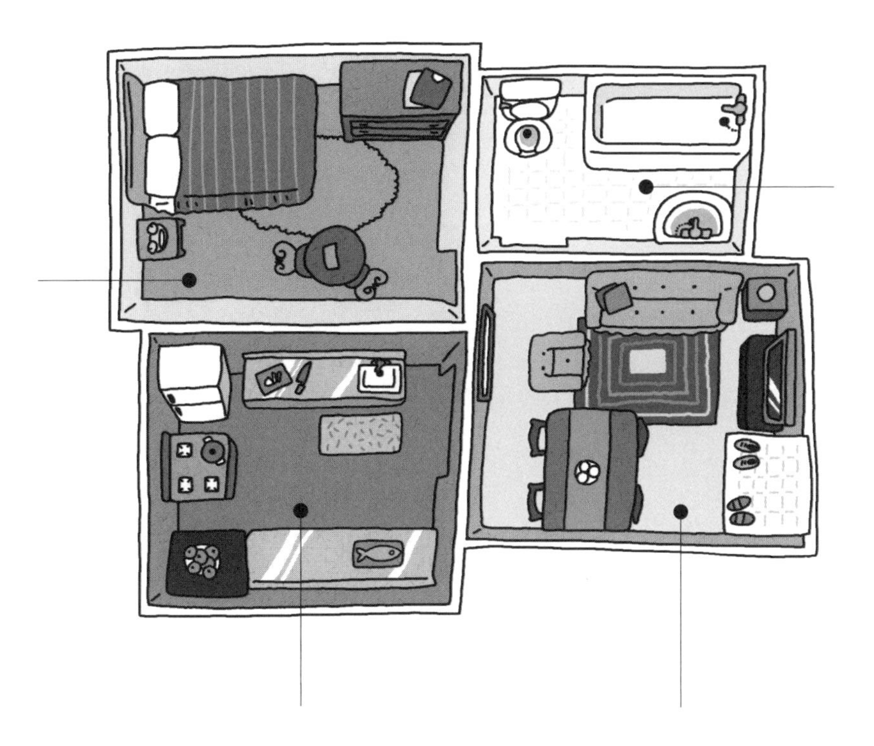

Write the correct names of the items in the blank spaces.

다음 각 그림을 보고 빈칸에 알맞은 단어를 써보세요.

bus pencil paper bag car book ruler sofa TV chair airplane key radio blackboard crayons soap toilet refrigerator spoon cup sink

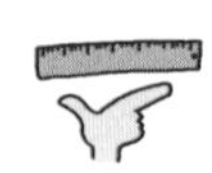

3. Comprehension

Follow the directions in each box.

다음 지시에 따라 그려보세요.

Draw a circle.	Draw a triangle.
Draw a square.	Draw an oval.
Draw a star.	Draw a diamond.
Draw a heart.	Draw a moon.

Write the alphabet. (a, b, c, …)

Write the numerals. (one=1)

six	twelve	eighteen	four	twenty	thirty-one	eleven	twenty-nine	fourteen

Match the months:

1월 ●	● February
2월 ●	● July
3월 ●	● September
4월 ●	● December
5월 ●	● January
6월 ●	● March
7월 ●	● June
8월 ●	● October
9월 ●	● April
10월 ●	● November
11월 ●	● Agust
12월 ●	● May

As the teacher reads, circle the animal each person likes.

260쪽의 엄마가 읽는 것을 잘 들은 후, 각 사람들이 좋아하는 동물 그림에 동그라미를 하세요.

Teacher reading sheet for listening section.

엄마 보세요! 아래 내용을 2번씩 읽어주고 259쪽의 그림에 동그라미를 하게 하세요.

What they like(read 2 times each)

Roy likes zebras.

Andy likes sharks.

Bill likes chickens.

Joe likes birds.

David likes snails.

Lou likes pandas.

Gus likes snakes.

Leon likes ladybugs.

Al likes rabbits.

Sam likes butterflies.

Ozzy likes kangaroos.

Harry like rhinos.

Now write what each person likes.

이름을 읽은 후, 그 사람이 무슨 동물을 좋아하는지 빈칸에 써주세요.

1. Joe : ______________________________
2. David : ______________________________
3. Lou : ______________________________
4. Gus : ______________________________
5. leon : ______________________________
6. Al : ______________________________
7. Sam : ______________________________
8. Ozzy : ______________________________
9. Harry : ______________________________

Level 2

Spelling Test

Spell each word in Korean and English.

엄마가 읽어주는 단어를 영어와 한국어로 정확히 쓰세요.

1. ______________________ ______________________
2. ______________________ ______________________
3. ______________________ ______________________
4. ______________________ ______________________
5. ______________________ ______________________
6. ______________________ ______________________
7. ______________________ ______________________
8. ______________________ ______________________
9. ______________________ ______________________
10. ______________________ ______________________
11. ______________________ ______________________
12. ______________________ ______________________
13. ______________________ ______________________
14. ______________________ ______________________
15. ______________________ ______________________
16. ______________________ ______________________
17. ______________________ ______________________
18. ______________________ ______________________
19. ______________________ ______________________
20. ______________________ ______________________
21. ______________________ ______________________
22. ______________________ ______________________
23. ______________________ ______________________
24. ______________________ ______________________
25. ______________________ ______________________
26. ______________________ ______________________
27. ______________________ ______________________
28. ______________________ ______________________

29. ______________________ ______________________
30. ______________________ ______________________
31. ______________________ ______________________
32. ______________________ ______________________
33. ______________________ ______________________
34. ______________________ ______________________
35. ______________________ ______________________
36. ______________________ ______________________
37. ______________________ ______________________
38. ______________________ ______________________
39. ______________________ ______________________
40. ______________________ ______________________
41. ______________________ ______________________
42. ______________________ ______________________
43. ______________________ ______________________
44. ______________________ ______________________
45. ______________________ ______________________
46. ______________________ ______________________
47. ______________________ ______________________
48. ______________________ ______________________
49. ______________________ ______________________
50. ______________________ ______________________

For Spelling Test 엄마만 보세요!

1. Month	11. February	21. Never	31. Migrate	41. Song
2. Year	12. March	22. April	32. Thursday	42. Sunday
3. January	13. August	23. Sticky	33. December	43. October
4. Monday	14. Tuesday	24. Yell	34. Bone	44. Everything
5. Sand box	15. Rainbow	25. Sunshine	35. Raincoat	45. November
6. Animal	16. ThankYou	26. Date	36. Friday	46. Sometimes
7. Lunchtime	17. Follow	27. Favorite	37. July	47. Saturday
8. Story	18. Secret	28. Bunny	38. Trouble	48. June
9. Grab	19. Under	29. Follow	39. Beautiful	49. Mountain
10. Try	20. Empty	30. breakfast	40. May	50. September

Read the words in the box and match them with the right picture.

다음 그림에 맞는 단어를 찾아 그림 밑에 써 넣어보세요.

game	cage	pencil	fence
book	brush	soil	toys
shell	sauce	crawl	paw
straw	giraffe	mouse	cupcake

Pick the correct word from the box and write under the picture.

다음의 각 그림에 맞는 단어를 찾아 그림 밑에 써 넣어보세요.

ask	fight	cook	sit	shop	ski
clean	buy	stand	write	headache	
cry	climb	drive	pull	push	
sleep	swim	call	laugh	climb	

Read each sentence and the words beside it. Circle the word that belongs in the sentence. Then write the word in the blank.

다음 문장과 옆에 있는 단어들을 잘 읽고, 문장에 맞는 단어에 동그라미를 하세요. 그 다음, 그 단어를 문장에 있는 빈칸에 써 넣으세요.

1. Jenny likes to play computer ________________ .	games shells
2. There are many ________________ in the zoo.	giraffes mice
3. I like to eat spaghetti with ________________ .	sauce cupcake
4. My sister likes to read ________________ .	cages books
5. I don' t write with a ________________ .	soap pencil
6. My baby sister can ________________ .	crawl fence
7. Sara has many ________________ .	soil toys
8. Kelly didn' t ________________ her hair today.	sled brush
9. Sherrie got many ________________ on the beach.	shells paws
10. Jim put a letter in the ________________ .	mailbox book

Grammar

Put in am, is, or are.

다음 빈칸에 am, is, are 중 하나를 넣으세요.

1. I __am__ a taxi driver.
2. Ann __is__ at home. Her children __are__ at school.
3. My brother and I _______ good tennis players.
4. Look! There _______ Carol.
5. These bags ________ heavy.
6. This bag _______ heavy.
7. I ________ not tired.
8. The weather ________ nice today.
9. Tom and Sam ________ eating lunch.
10. The dog _______ old and angry.
11. We _______ having fun eating pizza.
12. Venus ________ the 2nd planet from the sun.
13. Our legs ________ the longest bones in our body.
14. The eyes _______ for seeing things.
15. I _______ not going to work.
16. January, June, and July _______ all months with letter j.
17. The hottest month ________ July.
18. I ________ not having fun with the dog who ________ angry.

Look at each picture. Read the words in the box. Write sentences about the picture using the word sin the box.

다음의 그림과 위에 있는 단어들을 잘 보세요. 그리고 그 단어를 모두 사용해서 그림에 대한 문장을 만들어보세요.

boy	girl	water	spray	bucket
like	fun	hot	summer	happy

1. ____________________

puppy	table	vase	flowers	cloth
pull	fall	bad	cute	mess

2. ____________________

Look at each picture. Read the words in the box. Write sentences about the picture using the word sin the box.

다음의 그림과 위에 있는 단어들을 잘 보세요. 그리고 그 단어를 모두 사용해서 그림에 대한 문장을 만들어보세요.

Dinosaur	basketball	jump	funny	like
green	feet	play	happy	

1. ______________________________

____

____

____

____

____

____

cat	water	laugh	man	woman
funny	spray	bad	angry	wet

2. ______________________________

____

____

____

____

____

____

Comprehension: Dirty Dogs

Read about dogs. Then answer the questions

강아지에 대해 읽어 보고, 다음 문제에 답해보세요.

Like people, dogs get dirty. Some dogs get a bath once a month. Baby soap is a good soap for cleaning dogs. Fill the tub with warm water. Get someone to hold the dog in the tub. Then quickly wash the dog.

1. How often do some dogs get a bath? ______________________________

____

2. What is a good soap to use on dogs? ______________________________

____

3. What do you fill the tub with? ______________________________

____

4. Do you wash the dog quickly or slowly? ______________________________

Level 3

Grammar

Fill in the blanks with the correct tense conjugation.
Remember some verbs are irregular and others are regular!

다음 빈칸에 맞는 동사의 시제를 써 넣으세요. 불규칙/규칙적인 동사도 있다는 것을 잊지 마세요!

Past Continuous	Past Simple	Infinitive	Present Simple	Present Continuous	Future "going to…"	Future will
		be				
		become				
		fly				
		do				
		have				
		go				
		sit				
		kick				
		play				
		run				

Write sentences using the following word groups in the tense defined.

다음의 단어 그룹에 맞는 동사로 문장을 만드세요.

1. Rachel and Marcus/play/tennis

[Pr. S.] ______________________________

[Pa. S.] ______________________________

[Pr. C.] ______________________________

[Pa. C.] ______________________________

[Fu. S.] ______________________________

2. And's dog/eat/grapes

[Pr. S.] ____________________

[Pa. S.] ____________________

[Pr. C.] ____________________

[Pa. C.] ____________________

[Fu. S.] ____________________

3. Ryan/buy/a new ring

[Pr. S.] ____________________

[Pa. S.] ____________________

[Pr. C.] ____________________

[Pa. C.] ____________________

[Fu. S.] ____________________

4. Cindy/sing/very good

[Pr. S.] ____________________

[Pa. S.] ____________________

[Pr. C.] ____________________

[Pa. C.] ____________________

[Fu. S.] ____________________

5. Samantha and Rena/shut/the door

[Pr. S.] ____________________

[Pa. S.] ____________________

[Pr. C.] ____________________

[Pa. C.] ____________________

[Fu. S.] ____________________

Reading

This is a story of a famous pirate named Buckles Barton. Buckles was born in Spain, but grew up in America. Being a little boy in America was hard Buckles. He spent most of his day working with his dad tarring the bottom of new ships. The tar was hot, sticky, and smelled real bad. After working all day, Buckles had to help his mom bring in wood for the fireplace. At nighttime, his grandfather taught him to read and write two languages!

By the time Buckles was eighteen, he could read and write Spanish and English. He was also a master shipmate for the merchant ship named the Betsy Gail. The Betsy Gail was a trade ship that sailed between Spain and America. Buckles was a wise young man which made him an excellent leader and most of the ships crew respected Buckles.

Most of the men on the Betsy Gail could not read or write any language, but Buckles was very intelligent. His language skills helped gain more gold for the Betsy Gail's products and eventually Buckles was made captain of the boat.

One night, while crossing the Atlantic Ocean back towards America, Buckles received a message from a passing ship that Buckles Town was attacked by British Soldiers. When Buckles arrived home he discovered that his family had been killed as well as almost every other person.

Angered by this action, Buckles decided to avenge his town and family. Buckles enlisted many of his loyal sailors to be part of a pirate vessel. They would attack British ships, take any supplies on the ship, then sink it. No prisoners would be taken!

After several years, Buckles became well known across the ocean in Britain. The British king wanted pirating stopped. The first pirate ship to be attacked by the British Navy would be Buckles. The British Navy sent twelve war ships to find and sink Buckles and his ship the Betsy Gail.

Buckles was caught by surprise, late one Friday in October, by the twelve British ships. Even if he was out numbered, Buckles managed to outrun his assailants and hide in islands around the area. When midnight came, Buckles used the light of a full moon to attack several British ships. At sunrise, the three remaining British ships fled the area. Most of the British troops were convinced that Buckles was more of a magician rather than a pirate.

Buckles would continue attacking British ships throughout his life. He died at the ripe old age of sixty-two in the village he lived in as a boy-now known as the city of Miami.

1. Who was this story about?

____

2. What are three things that happened to Buckles?

____

____

3. Where was Buckles born? ________

a. America

b. Spain

c. Britain

4. What happened to Buckles' family? ________

a. The British killed them.

b. The Americans killed them.

c. Nothing happened to them.

5. What was the name of Buckles' ship? ________

a. the Gaily Bet

b. the Betsy Gail

c. the Gail

6. How many boats did the British send to attack Buckles? ________

a. 10

b. 20

c. 12

7. Did the Bitish win or lose against Buckles? Explain:

____

____

Vocabulary

1. language A. 열대다우림 B. 가장엄격한 C. 국어, 말, 언어 D. 전형적인	2. volcano A. 확성기 B. 화산 C. 상장 D. 사탕수수	3. ancestor A. 깊은 한숨 B. 조상 C. 마법의 힘 D. 속담	4. independence A. 평화 B. 속담 C. 특별한 D. 독립
5. conquer A. 정복하다 B. 마법의 힘 C. 사전 D. 열대다우림	6. wheat A. 가장 엄격한 B. 열대다우림 C. 격려 D. 밀	7. capital A. 전형적인 B. 수도의 C. 거의 ~않다 D. 가장 엄격한	8. poetry A. 확성기 B. 시 C. 평화 D. 특별한
9. respect A. 존경 B. 확성기 C. 거의 ~않다 D. 사전	10. quarter A. 격려 B. 25센트 동전 C. 속담 D. 평화	11. silly A. 상장 B. 속담 C. 특별한 D. 바보 같은	12. pillow A. 진행, 순서 B. 베개 C. 열대다우림 D. 전형적인
13. spaceship A. 속담 B. 상장 C. 거의 ~않다 D. 우주선	14. dime A. 진행, 순서 B. 전형적인 C. 특별한 D. 10센트 짜리 동전	15. principal A. 전형적인 B. 거의 ~않다 C. 교장선생님 D. 사전	16. trophy A. 마법의 힘 B. 상장 C. 사탕수수 D. 거대한
17. kindergarten A. 열대다우림 B. 거의~않다 C. 유치원 D. 마법의 힘	18. everyone A. 사탕수수 B. 가장 엄격한 C. 모두, 누구든지 D. 거대한	19. special A. 깊은 한숨 B. 특별한 C. 격려 D. 거의 ~않다	20. peace A. 사탕수수 B. 거의 ~않다 C. 비명을 지르다 D. 평화

21. dictionary	22. salamander	23. chance	24. challenge
A. 전구	A. 이상한 사람	A. 절하다	A. 도전
B. 시내, 개울	B. 새끼양	B. 노하다	B. 혀
C. 사전	C. 기뻐하다	C. 침	C. 떡
D. 떡	D. 도롱뇽	D. 기회	D. 전구

25. giant	26. eavesdrop	27. weirdo	28. saliva
A. 기뻐하다	A. 샘	A. 젊음	A. 절하다
B. 거대한	B. 당황	B. 당황	B. 시내, 개울
C. 샘	C. 엿듣다	C. 이상한 사람	C. 확실히
D. 전구	D. 젊음	D. 노하다	D. 침

29. hostage	30. squash	31. dead	32. lamb
A. 인질	A. 시내, 개울	A. 빨리	A. 젊음
B. 이상한 사람	B. 전구	B. 혀	B. 혀
C. 노하다	C. 짓누르다	C. 절하다	C. 새끼양
D. 전구	D. 현명한	D. 죽은	D. 떡

33. moonlight	34. corn	35. roof	36. Clover
A. 떡	A. 사탕수수	A. 사다리	A. 당황
B. 달빛	B. 침	B. 절하다	B. 떡
C. 샘	C. 옥수수	C. 기뻐하다	C. 클로버
D. 이상한 사람	D. 전구	D. 지붕	D. 진주

37. stream	38. roar	39. well	40. rice cake
A. 죽은	A. 큰소리 치다	A. 확실히	A. 죽은
B. 시내, 개울	B. 죽은	B. 당황	B. 노하다
C. 절하다	C. 혀	C. 샘	C. 이상한 사람
D. 당황	D. 확실히	D. 진주	D. 떡

Conversation

Pick the correct response to the following questions.
Make sure the answer is the best one possible!

다음 질문에 맞는 답을 고르세요. 가장 정확한 답을 고르는 것을 잊지 마세요!

1. Where is the post office? ________ .	A. Under the table. B. Next to the bank. C. He went home.
2. How is your mom doing? ________ .	A. She is sick today. B. He wants money. C. We went to the store last week.
3. What time is it? ________ .	A. Half-eighteen past three. B. Half past three. C. Five time.
4. When does the movie start? ________ .	A. It finishes at 10:30. B. I like movies. C. It begins at 12:45
5. How much money do you have? ________ .	A. I have no chickens. B. Money have I none. C. I have ten dollars.
6. Why is Becky upset? ________ .	A. Because she got a bad grade in math class. B. Because no grade is class. C. Bad grade because math class.
7. Was the dog sick? ________ .	A. Yes, he knows sick. B. Yes, he ate bad food. C. Yes, he went to the library.
8. Where did Amy go? ________ .	A. Go to Amy house. B. She ate a big sandwich. C. She went home.

9. Can I have some cake? ________ .	A. Yes, you may. B. Cake is made of chocolate. C. Mom wants some cake.
10. Where do you live? ________ .	A. I go to the hospital. B. On West Street in a big blue house. C. Live I on hill top.
11. Did you like the movie? ________ .	A. No, it is to cold outside. B. Yes, it was really good. C. Yes, the fish was delicious
12. When did Aleasha go home? ________ .	A. She likes to eat pizza. B. She is at school. C. Her mom told her to come home.
13. What color are bears? ________ .	A. Pink, purple, and green. B. Brown, white, and black. C. Triangle, circle, long.
14. What color do you like? ________ .	A. Yes, it is blue. B. I like squares. C. I like green.
15. Why did he run after her? ________ .	A. She called him a name. B. He likes to camp. C. Call she name at time.
16. Where can I get a drink? ________ .	A. The water fountain is down the hall. B. Water no get now because work you. C. The toilet is at the end of the hall.
17. What is his name? ________ .	A. Roy Stewart. B. He name are Roy Stewart. C. Roy his name Stewart.

18. What grade is she in? ________ .	A. She no go to school. B. She likes math and science. C. The first grade.
19. Where is Russia? ________ .	A. It is a small island in Asia. B. It is a big country in Asia. C. It is a country in Africa.
20. Does she like tuna fish? ________ .	A. No she can't stand it. B. Ummm, tuna fish is good. C. Fred likes tuna fish.

Level 4

Speaking

4A)

Study the map and be prepared to answer the following questions.

다음 지도를 잘 보고 질문에 맞는 답을 고를 수 있도록 준비하세요.

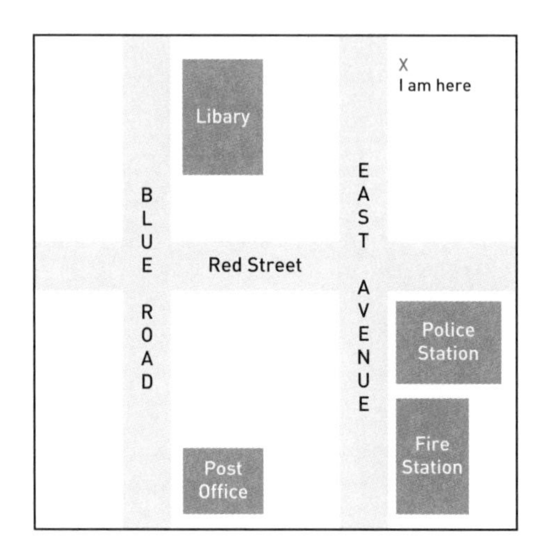

a) How do I get to the Post Office?

b) Where is the Police Station?

c) How do you get home from here?

4B)

a) Is it better to live in the city or the country?

b) What can you find in a city that you can't find in the country?

c) What is in the country that is not in a city?

4C)

a) What animals are you afraid of?

b) Why are you scared of these animals?

c) What do you do if you see one of these animals?

Reading

Read the entries, then write the correct answers in the blanks.
다음 문장을 잘 읽고 빈칸에 알맞은 답을 쓰세요.

4A)

All day long Brian wanted to sing his song to someone. No one wanted to listen to Brian's song. Brian asked his teacher, "Mrs. Gubaker, can I sing to you?"

"No, now go away Brian!" said his teacher.

Then, Brian asked Marcie, "Please listen to me sing, I have a beautiful song." Marcie ran away. Next, Brian went to his gym class. He knew that Mr. Rodgers would never let him sing, but he asked anyway. "Brian, please get in line, this is not music class," said Mr. Rodgers.

When Brian got home that night he went straight to his dad. "You want to hear my song?" Brian asked his dad.

"Not now, son, I am trying to make my car fly," his dad responded.

Brian went to find his little brother. He figured he could force his little brother to listen to his song. "Paul, you will listen to my song or I will make you smell my socks," Brian commanded. Paul began to cry and Brain' s mom stepped into the room.

"I heard your threat, and it is not funny!" His mom said. "Why don' t you sing your song to your pet hamster?"

Brian ran to his room, and found his hamster, Yellow, asleep. He tapped Yellow' s cage and the hamster looked up. Brian cleared his throat and sang, "O-O-O-O I-I-I-I E-E-E-E."

a) Who did Brian ask to listen to his song? (list them all)

____

b) What did Brian threaten to do to his little brother?

____

c) Do you think Yellow liked Brian' s song?

____

d) Summarize the story and the main event.

____

4B)

Once when I was six I saw a magnificent picture in a book about the jungle, called *True Stories*. It showed a boa constrictor eating a wild beast. Here is a copy of the picture.

In the book it said: "Boa constrictors swallow their prey whole, without chewing. Afterward they are no longer able to move, and they sleep during the six month digestion."

In those days I thought a lot about jungle adventures, and eventually managed to make my first drawing, using a colored pencil. My drawing number one looked like this:

I showed the grown-ups my masterpiece, and I asked them if my drawing scared them. They answered, "Why be scared of a hat?"

My drawing was not a picture of a hat. It was a picture of a boa constrictor digesting an elephant. Then I drew the inside of the boa constrictor, so the grown-ups could understand. They always need explanations. My drawing number two looked like this:

---{Passage taken from *The Little Prince* Chapter1}

a) Why were the grown-up not scared of the first picture the boy drew?

____

____

b) How long do boa constrictors sleep while they digest their food?

____

____

c) Could a boa constrictor eat an elephant? Why or Why not?

____

____

Listening

Write sentences using the groups of words and the directed tense.

다음 단어 그룹과 동사를 이용해 문장을 만들어보세요.

4A)

1. Present Perfect Continuous

   a monkey/eat/a banana/when/it fell

   ____

2. Past Perfect

   I/go/to the hospital/before

   ____

3. Past Perfect Continuous

   George and Wendy/heard/music/all day

   ____

4. Future Perfect

   Ryan/play/football/in China/since July

   ____

5. Make the dependant sentence a relative clause.

   Jake is eating a banana. He likes fruit.

   ____

6. Make this Active sentence Passive.

   The scientists will cure cancer.

   ____

7. Use these two sentences to form one conditional sentences.

   George wants money. He would movies.

   ____

8. Add these adverbs into the sentence below: quickly, everyday, for three years. Cliff eats pizza.

   ____

9. Write a 1 paragraph story about your favorite hobby or a country you want to visit.

Level 5

Speaking

5A)

a) Inventions, like the computer and airplanes have changed our lives. What do you think the best inventions were?

____

____

b) What do you think the worst inventions were?

____

____

c) Can you think of any new inventions that might change our lives in the future?

____

____

5B)

a) What are the seasons like in Korea?

____

b) What is Korea's environment like?

____

c) Do you think we should care about the environment? Why?

____

5C)

a) Do you agree that people should take a job if it pays lots of money no matter what?

____

b) What if you don't like the job?

____

Reading

Read the entries then write the correct answers in the blanks.

다음 문장을 잘 읽고 빈칸에 알맞은 답을 쓰세요.

5A)

Easter is the Christian celebration commemorating the resurrection of Christ, but as with many other Christian holidays, Easter has some roots in pagan celebrations that have nothing to do with Christianity.

The Ancient Saxons celebrated the return of spring with a festival commemorating their goddess of offspring and springtime, Easter. This occurred around the same time as the Christian observance of the resurrection of Christ, so the festival was slowly altered to make it a Christian celebration.

This year Easter is celebrated on Sunday, April 16. In 325 A. D. Emperor Constantine issued the Easter Rule which states that Easter will be celebrated on the first Sunday that occurs after the first full moon on or after the vernal equinox, which is always on March 21. Easter is now always celebrated on a Sunday between March 22 and April 25.

The Easter Bunny originated from this pagan festival as well. The goddess Easter was worshipped through her earthly symbol, the rabbit. The Easter Bunny as we know it was introduced in America by the Germans who settled in the Pennsylvania Dutch country during the 1700s. However, it wasn't until after the Civil War that Easter and the Easter Bunny were widely celebrated and recognized in America by all other Christians.

a) What is the difference between a Christian Easter and a Saxon Easter?

____

b) When did Easter and the Easter Bunny start being celebrated in America?

____

c) When is Easter celebrated? How was this date created?

____

5B)

The Thief and the Innkeeper A THIEF rented a room in a tavern and stayed awhile in the hope of stealing something which would enable him to pay his reckoning. When he had waited some days in vain, he saw the Innkeeper dressed in a new and handsome coat and sitting before his door.

The Thief sat down beside him and talked with him. As the conversation began to flag, the Thief yawned terribly and at the same time howled like a wolf. The Innkeeper said, "Why do you howl so fearfully?" "I will tell you," said the Thief, "but first let me ask you to hold my clothes, or I shall tear them to pieces.

I know not, sir, when I got this habit of yawning, nor whether these attacks of howling were inflicted on me as a judgment for my crimes, or for any other cause; but this I do know, that when I yawn for the third time, I actually turn into a wolf and attack men."

With this speech he commenced a second fit of yawning and again howled like a wolf, as he had at first. The Innkeeper hearing his tale and believing what he said, became greatly alarmed and, rising from his seat, attempted to run away.

The Thief laid hold of his coat and entreated him to stop, saying, "Pray wait, sir, and hold my clothes, or I shall tear them to pieces in my fury, when I turn into a wolf."

At the same moment he yawned the third time and set up a terrible howl. The Innkeeper, frightened lest he should be attacked, left his new coat in the Thief's hand and ran as fast as he could into the inn for safety. The Thief made off with the coat and did not return again to the inn. Every tale is not to be believed.

- - - {Passage taken from Aesop' s Fables}

a) Was the thief's story true?

____

b) "Every tale should not be believed- what does this mean?

____

c) Describe a situation in which someone told a story, but you later found out it was not true. How did this make you feel?

____

Writing

Write paragraphs in response to the prompts given. You can either support or condemn the idea in the prompt.

다음 주제에 대한 문장을 써보세요. 이 주제에 맞는 것이어도 좋고 반대되는 것이어도 좋습니다.

1. Eating dog is bad.

____

____

____

____

____

____

____

____

____

____

____

2. In order to be rich, one must work very, very hard.

____

____

____

____

____

____

____

____

____

____

____

미국식 커리큘럼으로 배우는
하버드 박사의
초등 영어학습법

초판 1쇄 발행 2009년 12월 15일
개정판 1쇄 발행 2018년 04월 05일

지은이 정효경
발행인 정은영
책임편집 최은숙, 석송희
일러스트 조윤혜
디자인 Design Boom

펴낸곳 마리북스
출판등록 제 2010-000032호
주소 (03925) 서울시 마포구 월드컵북로 400 문화콘텐츠센터 5층 21호

전화 02) 324-0529·0530
팩스 02) 3153-1308
Email mari@maribooks.com
인쇄 상지사P&B

ISBN 978-89-94011-80-6 03370